L'ART

DU FABRICANT

DE VELOURS DE COTON.

PAR M. ROLAND DE LA PLATIERE.

L'ART
DU FABRICANT
DE VELOURS DE COTON,
PRÉCÉDÉ
D'UNE DISSERTATION
SUR LA NATURE, LE CHOIX,
ET LA PRÉPARATION DES MATIERES,
ET SUIVI
D'UN TRAITÉ
DE LA TEINTURE ET DE L'IMPRESSION
DES ETOFFES DE CES MÊMES MATIERES.

PAR M. ROLAND DE LA PLATIERE,

Inspecteur Général des Manufactures de Picardie ; Associé des Académies Royales des Sciences, Belles-Lettres & Arts de Rouen, Villefranche, &c. &c. Correspondant de l'Académie Royale des Sciences de Paris &c. de celle de Montpellier.

PREMIERE PARTIE.

Materiam superabat opus.
OVID. *Met.*

A PARIS;

Aux dépens, &c.

De l'Imprimerie de MOUTARD, Imprimeur-Libraire de la REINE, de MADAME, de Madame la Comtesse d'ARTOIS, & de l'Académie Royale des Sciences, Hôtel de Cluny, rue des Mathurins.

M. DCC. LXXX.

L'ART
DU FABRICANT
DE VELOURS DE COTON.

DES COTONS.

Plusieurs Ouvrages contiennent des diſſertations botaniques ſur la nature & les variétés de cette plante, qui eſt vivace, ligueuſe & formant arbriſſeau en Amérique, annuelle & herbacée à la Chine & dans l'Inde, l'un ou l'autre, ou l'un & l'autre dans diverſes contrées du Levant.

On a décrit des Cotoniers d'un grand nombre d'eſpeces, depuis le rampant qu'on ſoutient d'un échalas, juſqu'à celui qu'on nous dit croître au Breſil, de la hauteur de nos grands chênes. On s'eſt étendu ſur la culture & ſur la maniere de récolter & de préparer le Coton. Il ſuffira de lire quelques-uns de ces Ouvrages, pour rencontrer beaucoup de contradictions, & pour ne ſavoir enfin à quoi s'en tenir. Il faudroit un long traité pour éclaircir ces matieres, ſans parler de l'apocin de Syrie & d'Egypte, qui fournit l'houate, ni du chardon ſoyeux qu'on cultive en France, ni de tant d'autres duvets ou bourres végétales dont on a fait beaucoup d'eſſais plus curieux qu'utiles.

Mais ce ſeroit nous trop écarter de notre plan; nous nous en tiendrons à indiquer les lieux d'où l'on tire les diverſes eſpeces & qualités de Coton qu'on emploie dans nos manufactures, & à en aſſigner l'uſage, avant d'entrer dans le détail des opérations relatives à notre objet.

On eſt étonné, lorſqu'on conſidere la prodigieuſe quantité de Coton qui s'emploie dans diverſes fabriques du Royaume. La plupart des Provinces y participent par quelques objets de main d'œuvre qui y ſont propres; mais la Normandie les réunit tous. On y fabrique de toutes les eſpeces & de toutes les qualités de toileries & de bonneteries que conſtitue cette matiere, en tout ou en partie. Viennent enſuite le Languedoc, le Beaujolois, la Champagne, la Picardie, & pluſieurs autres, qui en conſomment auſſi en très-grande quantité. On diviſera d'abord tout ces Cotons en Coton des Iſles & Coton du Levant. Les premiers ſe cultivent en effet dans la plupart des Iſles de l'Amérique, ſituées entre la côte de la Floride & le Paria, à commencer par Cuba, juſqu'à la Trinidad; & plus nouvellement & avec ſuccès, ſur les côtes, de diſtance en diſtance, depuis l'Orénoque juſqu'au Maragnan. Ceux-ci ſe ſous-diviſent par quatre dénominations principales, qui ſont celles des lieux qui en produiſent le plus, & qui, englobant ceux qui les avoiſinent, indiquent en général la nature & les propriétés de chacun. On connoît donc dans le commerce le Coton des Iſles, ſous les noms de *Coton de la Guadeloupe*, *Coton de Saint-Domingue*, *Coton de Cayenne*, & *Coton de Maragnan*.

Le *Guadeloupe* eſt l'eſpece la plus en uſage dans les fabriques de Rouen & du pays de Caux; il eſt un peu rougeâtre; ſa laine eſt longue, douce, ſoyeuſe, & d'un filage aiſé, parce qu'il eſt très-net. Il convient à toutes les ſortes de toileries, puiſqu'il peut ſupporter ſans altération tous les degrés de filature qui y ſont convenables. Nous en avons vu filer d'une telle fineſſe, que la valeur en fut portée de 40 à 50 écus la livre. Il s'emploie ſinguliérement dans les ſiamoiſes *en comptes ſupérieurs*, dans les toiles de Coton, & dans celles fil & Coton du même genre, dans les belles toiles à fleurs brochées, & dans les mouchoirs fins.

Le *Saint-Domingue* est plus blanc que le *Guadeloupe*, un peu sec, & d'un filage moins aisé. Quant à son prix & à son usage, l'un & l'autre le font assez confondre avec le Guadeloupe; ils conviennent aux mêmes especes, en observant cependant que le Saint-Domingue mérite la préférence pour les étoffes séches, comme les mouchoirs, & quelques autres cotonades, au lieu que le Guadeloupe, qui a plus de duvet, rend l'étoffe moëlleuse, un peu drapante, ce qui est le propre de la siamoise.

Le *Cayenne* l'emporte sur les especes précédentes, par la blancheur, la douceur & la longueur. Sa laine, lustrée comme celle de la soie, est néanmoins difficile à filer uni au rouet & à la main, pour ceux qui n'en ont pas l'usage, parce qu'il est fort long; mais il est le plus aisé à filer à la mécanique. Il est particuliérement destiné à la fabrication des beaux mouchoirs, & à celle des bas & des bonnets fins : il est aussi très-propre à la fabrique des Velours de coton. Ceux qui achetent leurs matieres par balles en laine, en font choix par préférence aux especes précédentes. Ceux au contraire qui les achetent filées à la Halle de Rouen, ou ailleurs, comme cela se pratique pour presque tous les autres genres de fabrique, ne distinguent plus le Coton par aucune de ces dénominations. C'est le degré de finesse sans altération, & l'égalité dans la filature qui déterminent absolument, parce qu'on ne s'avise guere de tenter de filer très-fin des Cotons courts & secs, comme on fera dans le cas de l'observer de ceux du Levant.

Le *Maragnan*, supérieur au *Cayenne* même, tient le premier rang parmi le Coton des Isles. Quelque négligent ou peu habile qu'on soit dans la maniere de le préparer au temps de la récolte, puisqu'il reste chargé de pepins & d'ordures qui lui font souffrir beaucoup de déchet au travail, il ne mérite pas moins une préférence décidée pour la fabrication des Velours de coton. La douceur de sa laine lui procure une filature aussi égale & aussi fine qu'on la peut désirer; & l'étoffe qui en résulte a plus de moëlleux, & réfléchit les couleurs plus vivement, que, lorsqu'elle est composée de tout autre Coton.

Lorsqu'on emballe ces Cotons, on les presse, afin d'en diminuer le volume à raison de la masse; on mouille la toile en jetant de l'eau contre, tout autour de la balle, à mesure qu'on la forme, pour que le Coton comprimé s'accroche aux parois intérieurs, & que, perdant momentanément de sa force d'élasticité, il soit contenu dans la situation, jointe & serrée, que lui force de prendre un homme debout dans la balle, le foulant aux pieds, & avec un instrument, en le rangeant peu à peu jusqu'à ce que la balle en soit remplie, tant qu'il en acquiert enfin une adhérence à laquelle il ne cede que par un effort semblable à celui qu'on est obligé de faire pour arracher quelque chose. Mais on ne jette pas de l'eau dans la balle, comme quelqu'un l'a avancé; il en résulteroit l'inconvénient, que les pepins mouillés, qui restent toujours dans le Coton, le tacheroient par parties, de maniere à ne pouvoir jamais blanchir également que les autres. C'est ainsi que ces Cotons arrivent presque tous à Rouen, en remontant la Seine, soit qu'ils y aient été expédiés en droiture, soit qu'ils l'aient été par la voie de Bordeaux, de la Rochelle, de Nantes ou du Havre. Les balles pesent environ trois cents livres, excepté celles du Maragnan, qui ne pesent que de cent cinquante à cent quatre-vingt livres.

Cette humidité ajoutée pour en augmenter & pour en assujettir la compression, est assurément contraire au parfait développement des parties du Coton sur la carde; &, quelque séparé & bien épluché qu'il puisse être, il résulte, se brise, & souffre un déchet plus considérable. Mais plus de balles augmenteroient les frais de l'emballage; de plus grosses balles rendroient l'arimage plus difficile; &, dans l'un & l'autre cas, on risqueroit quelquefois de voir la cargaison faite avant que le navire fût lesté.

Le Coton du Levant, plus connu dans le commerce, sous le nom générique de *Chypres*, quoiqu'il se cultive dans la plûpart des Isles & du Continent de la Turquie d'Asie & de la Turquie d'Europe, se sous-divise d'abord par les noms des lieux d'où s'en font les grandes expéditions, qui font, Acre pour la Syrie, Smirne pour la Natolie, & Salonique pour la Turquie d'Europe; mais dès qu'il est filé, il les perd dans la fabrique, pour reprendre celui de *Chypres* : la différence ne s'en fait que par l'emballage, qui est aux uns en crin, & aux autres en toiles fortes, lorsqu'ils viennent en France.

Ce Coton est plus blanc que celui des Isles; mais il est plus court, moins net, un peu dur & sec, rempli de petits bouchons ou nœuds, qui ne tombent point en le cardant, qui le rendent sujet à casser lorsqu'on le veut filer fin, & toujours inégal, de quelque maniere qu'il soit filé.

Le Coton du Levant a pourtant cet avantage sur le Coton des Isles, qu'attendu sa blancheur & sa sécheresse, il prend beaucoup mieux la teinture, & réfléchit mieux les couleurs. Ce pourroit bien être une des raisons pour lesquelles les Levantins teignent mieux le Coton en rouge qu'on ne le fait en France, où nous ne tentons de donner cette couleur, façon des Indes, qu'aux Cotons des Isles, comme plus fins. Le défaut de ceux-ci est d'être plus chargés de gomme, & beaucoup plus difficiles à en purger. Ceux de Cayenne & de Saint-Domingue ont cet inconvénient en moindre degré; & comme tels, en évitant toujours de prendre les moins roux, ils sont les plus propres aux couleurs éclatantes.

Soit que le Coton du Levant arrive par mer à Rouen, où il s'en emploie infiniment plus que par-tout ailleurs, soit qu'on le transporte par terre en Languedoc, en Beaujolois, en Champagne, à Rouen même, &c. c'est toujours par la voie de Marseille, comme de tout ce qui nous vient du Levant. Il se file dans plusieurs de nos Provinces, dont quelques-unes n'en consomment guere d'autres, telles que le Languedoc & le Beaujolois, & singuliérement en Normandie, concurremment avec le Coton des Isles. Sa destination la plus ordinaire est pour la siamoise rayée, flammée ou chinée pour meubles, ou la siamoise blanche commune pour l'impression, pour les damassés, les damas, ou autres étoffes communes (1).

On conçoit bien qu'il y a du choix dans cette matiere comme dans toute autre, & l'on ne néglige pas l'occasion de l'assujettir au même degré d'opérations, & d'en faire le même usage que du Coton des Isles, lorsqu'il paroît s'y prêter; l'on y a été trompé plus d'une fois. Nous n'en conseillerions pas néanmoins l'emploi dans aucune étoffe de filature fine qui exigeroit de la consistance & du nerf, d'où nous pensons qu'il doit être exclu de la fabrication de toute espece de Velours de coton.

---

(1) La Siamoise est une étoffe à chaîne de fil & trame de coton, connue dans beaucoup d'endroits sous ce nom; en d'autres on l'appelle *Cotonade*, ou enfin *Basin* pour meubles; l'autre se désigne, après l'impression, par la dénomination de *Toile d'Orange*, de ce qu'un des premiers établissemens de ce genre a été fait dans cette Principauté.

Tous ces Cotons font vendus par petites ou groſſes parties à des Particuliers, dont les uns font leur état du commerce de la filature, & les autres les revendent en détail au peuple qui les file ; & à moins qu'il n'en ſoit d'abord réſervé quelques parties pour certaines Manufactures, ils ſont preſque tous portés en un lieu de dépôt public, tel qu'aux Halles de Rouen, pour la Normandie, où les Entrepreneurs des fabriques & tous les Fabricans d'étoffes auxquelles ils ſont propres, viennent choiſir & acheter ceux qui leur conviennent.

Le Levant fournit auſſi beaucoup de Coton filé, & il nous en vient ſous le nom de Coton de Malthe, Coton de Jéruſalem, & ſur-tout de Gallipoli. La Romanie s'occupe principalement de la filature du Coton, comme la Natolie de celle du poil du chevre ; mais ceux de ces Cotons qui nous viennent en blanc, ſont très-communs, & ſe conſomment en plus grande partie dans nos Provinces Méridionales. Les Turcs réſervent les plus beaux pour la teinture d'Adrinople en rouge façon des Indes, & nous employons conſidérablement de ces Cotons, qui nous parviennent auſſi mal aſſortis en filature qu'en nuance.

Il nous vient auſſi quelquefois de petites parties de Coton de l'Inde & de la Chine, pays qui en produiſent abondamment, où il eſt très-varié en qualité, par ſa couleur, & beaucoup plus par ſon emploi dans des objets d'induſtrie qui feront long-temps l'admiration de l'Europe & le déſeſpoir de nos Fabricans. Nous en connoiſſons de deux eſpeces, ſous le nom de *Siam* ; l'un eſt blanc, & l'autre chamois. C'eſt de ce dernier dont on fait une petite toile, nommée en France *Nankin chamois*, & qui eſt aujourd'hui ſi à la mode. L'un & l'autre eſt un peu rude, un peu ſec, mais fort uni : il eſt ſuſceptible d'une belle filature, & en cela il conviendroit à pluſieurs objets de nos fabriques ; mais il eſt rare, & il ſupporte un déchet conſidérable au travail, par la grande quantité de pepins & d'autres ordures qu'il contient, & dont il le faut purger, pour que le fil en ſoit égal.

On a tranſporté de la graine de Siam dans nos Iſles, & l'on y cultive ce Coton avec ſuccès. Il y vient en petits arbriſſeaux, comme celui du Levant. Sa qualité tient le milieu entre celui des Iſles, & celui du Levant, pris généralement. L'avantage qu'on trouve à le cultiver, conſiſte dans la nature du terrein où on le récolte, trop maigre pour la culture du Coton ordinaire des Iſles.

Les Hollandois nous apportent encore des Cotons filés de Tutucurin, de Java, & de quelques autres parties de l'Inde ; les qualités en ſont communes, & l'emploi aſſez rare. On voit par-là, que le commerce du Coton en France, autre que ceux des Iſles & du Levant, n'eſt pas un objet de conſéquence.

De la maniere de carder le Coton.

Ce genre d'occupation eſt très-répandu dans le Royaume, & la méthode eſt la même par-tout. Il faut bien battre le Coton, au ſortir de la balle, ſur une claie de corde, avec des gaulettes de coudrier, à peu près comme on en uſe pour la laine ; l'éplucher, en retirer le plus qu'on peut les ordures, en arracher les pepins, les petits flocons durcis, &c. On prend une carde de la main gauche, le dos appuyé ſur la cuiſſe de l'ouvriere, entre le corps & la main qui la tient par le manche. On prend de la main droite, par petites parties, du Coton ouvert & épluché ; on le paſſe, à pluſieurs repriſes, ſur les *dents* de la carde, en appuyant & tirant à ſoi, dans le ſens contraire par conſéquent à la courbure des dents. Ce Coton s'y accroche, s'ouvre, ſe ſépare : on revient à la charge, juſqu'à ce que la partie qu'on tient en main ſoit épuiſée, & l'on

en reprendroit ſi la carde ne s'en trouvoit pas ſuffiſamment chargée.

On ſaiſit la ſeconde carde de la main droite, & on la paſſe ſur la première auſſi en ſens contraire, à cinq à ſix repriſes, légérement d'abord, & ſerrant un peu plus enſuite. Le Coton, dans cette opération, paſſe inſenſiblement de l'une à l'autre carde : on le ramene à la première d'un ſeul coup de poignet, en changeant l'attitude des cardes, ſans les changer de main, c'eſt-à-dire, en plaçant celle de la droite deſſous, & celle de la gauche deſſus, mais faiſant agir celle-ci, la courbure de ſes dents tournée alors du même ſens que celle des dents de la carde de la main droite. Cette derniere carde ſe retrouve vuide, comme avant de commencer, & l'autre chargée ou garnie comme en commençant. On réitere cette opération juſqu'à ce que le Coton ſoit bien travaillé & parfaitement ouvert. Une attention continuelle à avoir, c'eſt que la carde de deſſus, ſoit en la poſant, ſoit en la faiſant agir, doit toujours être parallele avec l'autre, c'eſt-à-dire, qu'elle ne doit jamais donner plus de la pince que du talon.

Enfin on releve cette matiere plus légérement, de maniere qu'elle reſte à la ſuperficie des dents de la carde, & on la roule ſur cette même ſuperficie, avec le dos de la carde vuide. Le rouleau ou cylindre de Coton qu'on forme ainſi, & qu'on nomme *loquette*, eſt plus ou moins gros, plus ou moins ouvert, & plus ou moins tranſparent, ſuivant la nature de la matiere, ſon état actuel, ſa qualité, ſa fineſſe, ſuivant l'eſpece & la qualité des cardes, & ſinguliérement ſuivant l'uſage & l'adreſſe de la main qui opere.

On juge de cette opération, en tenant la loquette ſuſpendue en l'air par l'un des bouts. Si, en la regardant à travers le jour, elle paroît nette & de la tranſparence d'un nuage léger dans lequel les vapeurs ſont également répandues, elle eſt bien faite. Si, en la tenant ſuſpendue par un bout, & la ſecouant, elle s'alonge, le Coton eſt bien cardé : ſi elle ſe détache, qu'elle ſe ſépare, il eſt trop mâché, trop briſé.

Je n'entrerai dans aucun détail ſur l'importance d'avoir de bonnes cardes, ni ſur la maniere d'obtenir les qualités qu'elles doivent avoir ; il en eſt traité aſſez au long dans l'Art du Cardier ; mais je crois devoir indiquer, que celles faites à la mécanique ſont plus réguliérement faites, & que le ſieur Keit, Anglois réſidant à Rouen, & qui poſſede cette mécanique, ainſi que les ſieurs Marchands freres, de la même ville, font les meilleures cardes qu'on connoiſſe. Ces derniers ont fourni pluſieurs obſervations à l'illuſtre M. Duhamel, qui n'a point voulu faire imprimer ſon Art du Cardier, qu'il n'eût été revu par eux.

S'il eſt queſtion de Coton deſtiné à la filature en gros d'abord, & à celle à la mécanique enſuite, pour être employé à la fabrication des Velours de cette matiere, on procede différemment : on l'aſſujettit préalablement à toute autre opération, à un ſavonnage qui ſe fait ainſi.

Savonnage du Coton.

Dans une chaudiere pleine d'eau, mettez-l'eau étant encore froide, du ſavon blanc de Marſeille coupé menu, à raiſon de deux onces par livre de Coton : retirez la chaudiere de deſſus le feu, lorſque l'eau bout, & attendez qu'elle ſoit devenue tiede. Si le Coton eſt deſtiné à faire du Velours plein, mettez-l'y tremper pendant une heure, en le preſſant de la main, & le retournant de temps en temps, pour qu'il s'imbibe bien par-tout également ; car cette matiere ſe laiſſe difficilement pénétrer par l'eau : l'huile du ſavon, jointe à ſa gomme naturelle, ajoute encore à la difficulté.

B

Lorsqu'on leve le Coton de l'eau de savon, on le met dans une toile bien claire, dans laquelle on le tord, ce qui le presse plus également, & avance plus la besogne qu'à la main, puisqu'on ne peut le tordre de cette maniere-ci que par petites parties, & que de l'autre on en presse deux & trois livres à la fois.

Dans les grandes Manufactures on met le Coton savonné sur une table de pressoir, de quatre pieds en carré, surmontée de quatre planches de sapin, posées de champ, percées, qui se soutiennent au moyen de clavettes, entre lesquelles se met le Coton, & descend le manteau du pressoir. La table, le manteau, ainsi que les planches, doivent être de sapin, pour ne point colorer le Coton.

Faites-le bien sécher avant de le carder. Si l'on se propose d'employer le Coton en Velours cannelé, il suffit, après avoir trempé ses mains dans l'eau de savon, de le manier, de le serrer, de le presser, jusqu'à ce que toutes ses parties se sentent un peu de l'impression du savon.

Dans le premier cas, on le lave quelquefois deux fois de suite, d'abord dans un premier déchet, & ensuite dans un bain neuf : on diminue alors la dose du savon ; une once par livre suffit. Il y a ainsi de petites économies à faire dans la pratique de tous les Arts, sans nuire à la bonté des procédés. C'est à l'Artiste, & à lui seul à juger des circonstances. On observera cependant à cette occasion, & d'après l'expérience, qu'un bain neuf convient toujours mieux, parce que le Coton dépose sa gomme & beaucoup d'ordures qui se joignent à celles du nouveau Coton, & qui font plutôt obstacle que ce vieux bain n'opere parfaitement leur extraction.

En général, tout Coton à filer en gros, pour être ensuite filé à la mécanique, doit être savonné, pour être filé très-fin & très-tors : mais on peut se contenter de l'impression légere & indiquée du savon, si l'on ne veut qu'une filature moins fine & moins torse. L'eau de savon dégomme le Coton, elle l'adoucit, le dilate, & le rend beaucoup plus coulant au cardage & à la filature.

De la mécanique à carder le Coton.

Par-tout où la main d'œuvre est chere, il y faut suppléer par des machines ; il n'est que ce moyen de se mettre au niveau de ceux chez qui elle est à plus bas prix. Depuis long-temps les Anglois l'apprennent à l'Europe, & si notre position nous donne quelque avantage sur eux, bien-tôt ils l'ont tellement emporté par leur industrie, qu'il ne nous reste rien de mieux à faire que de les imiter. Le plus grand nombre des inventions utiles nous vient d'eux, & nous leur devons la plupart de nos mécaniques ; nous leur devons toutes celles qui ont rapport à l'Art que je décris. La machine à carder le Coton est si neuve pour la France, qu'à peine y soupçonnoit-on son existence il y a trois mois. L'avidité en a laissé entrevoir le vol à l'Administration, qui a pu en lever un coin ; c'est de là que la tire pour la publier.

Cette machine (*Planches 1, 2 & 3*) paroîtra compliquée : elle l'est en effet ; cependant ses mouvemens sont uniformes & très-doux, & le travail qui en résulte est abondant & d'une belle exécution, puisqu'à son moyen on carde supérieurement de cinquante à soixante livres de Coton par jour. J'en donne trois vues, dont je ne détaillerai les parties qu'à l'explication des planches : je m'en tiens ici, après le court exposé des principes les plus essentiels à sa construction, à un apperçu du mouvement général pris sur la vue d'oiseau, quoiqu'il faille prendre les diametres des cylindres & des roues ou poulies, sur les vues de côté, d'après leur échelle.

Autant la patience & l'adresse sont au dessous du génie, autant, en fait de mécanique, la pré-

cision doit le céder à l'invention ; cependant l'effet, dans ce cas-ci, est si dépendant de l'une & de l'autre, qu'il seroit absolument nul, sans leur concours.

Toute la charpente de cette mécanique doit être de bois de chêne sain & très-sec, construite avec autant de solidité que d'exactitude. Les grands cylindres sont à armure de fer, leur axe corroyé & tournant sur cuivre ; les vis & écroux, pour rapprocher ou éloigner les tasseaux de cuivre, & par conséquent les cylindres qu'ils supportent, en fer trempé & poli ; le bois des cylindres, soit des grands cylindres creux, soit des petits qui sont pleins, en cœur de chêne de Hollande le plus sec, & beaucoup mieux en Acajou, les grands tournés en place sur le chassis même de la mécanique, &, ainsi que les autres, avec la plus grande précision. Le bois de ces cylindres creux doit avoir au moins deux pouces d'épaisseur, parce que, dans les premiers temps, jusqu'à quatre, cinq & six mois de service, il est sujet à se déjeter : il faut les tourner de nouveau ; il faut immanquablement les retourner presque toutes les fois que, les cardes usées, il devient nécessaire de les en garnir de nouvelles.

Que les fils de fer de ces cardes soient toujours en même quantité, & tous bien exactement de la même hauteur, finesse, courbure, élasticité enfin ; & les cuirs de même épaisseur.

Dans les temps d'un travail suivi de cette mécanique, il en faut, deux fois par semaine, nettoyer les cardes & l'intérieur des cylindres, des ordures & de la poussiere qui se détachent du Coton.

Il est à remarquer, dans le premier essai, que le Coton, à mesure qu'il engraine les cylindres & qu'il garnit les cardes d'un bout à l'autre, ce qui dure plusieurs heures, se teint d'une couleur noirâtre, communiquée par le frottement, soit des fils de fer, soit des cuirs ; il est bon de le mettre à part, jusqu'à ce que, les cardes bien décrassées, les loquettes en sortent de la blancheur naturelle du Coton.

Lorsque les cardes sont fatiguées, que les fils de fer s'émoussent, on passe & repasse dessus, en différens sens, en sens contraire même, en l'appuyant légérement, une pierre à aiguiser, de la longueur des cardes, qui redonne de la pointe aux fils, & rétablit le poli de leur surface, en les rabattant toutes au même niveau.

Le rapprochement des cylindres les uns des autres dépend de la plus ou moins grande quantité de Coton qu'on veut carder ; mais ils ne doivent jamais que s'affleurer ; ce ne seroit que pour de mauvais Coton, grossier & court, qu'on pourroit se permettre de les faire mordre d'une demi-ligne au plus.

On voit (*Planche 2 & 3*) les petits cadres en fer, implantés sur la charpente de la mécanique, vissés en dessous, taraudés par côté de part & d'autre, avec les vis qui pressent les tasseaux en cuivre, sur lesquels appuie & tourne l'axe des cylindres, pour opérer le rapprochement ou l'éloignement les uns des autres de ces cylindres.

Maintenant, pour se figurer le jeu de cette mécanique, il faut établir la correspondance de ses diverses parties (Je n'ai point tracé les cordes sur la vue d'oiseau, parce qu'il m'a paru qu'elles en brouilloient plus qu'elles n'en facilitoient l'intelligence : elles sont d'ailleurs très-clairement exprimées sur les vues de côté, *Planches 2 & 3*). Si l'on imprime un mouvement quelconque à la manivelle (*Planche premiere*), la roue ou poulie Z le communique, au moyen d'une courroie, à la roue ou poulie R, en degré de proportion inverse à leur diametre (C'est le seul mouvement de correspondance directe que la mécanique reçoive par ce côté). Le cylindre C communique son mouvement au cylindre B, par une corde, non croisée, de *c* en *d*; & au cylindre D, par une corde croisée, de *e* en *f*, passée sur la rainure même du cylindre D, lequel a une poulie ou rainure plus basse, dans laquelle une corde sans fin, après y avoir fait un double tour, va mouvoir les cylindres E F G H, en passant également par un double tour dans chacune des rainures correspondantes *g h i k*; puis le grand cylindre ou tambour M L, qu'elle embrasse; & revient enfin au cylindre D, pardessous la mécanique, où on lui restitue, au moyen d'une poulie mobile (*Planche* 3), le degré de tension convenable, altéré, ou par les influences de l'atmosphere, ou par toute autre cause.

Une corde non croisée, partant de la poulie *n* du tambour, va mouvoir le cylindre A par la roue *b b*, à laquelle elle communique : & une corde croisée de *b* en *a*, fait tourner le rouleau A, passé dans deux largeurs de toile sans fin *u u*, également retenue par un autre rouleau caché par le cylindre A.

Ces toiles sont chargées de Coton lavé, séché légérement, & bien également étendu : le mouvement est lent; le Coton approche en même proportion; il est continuellement saisi par le cylindre A, & un autre absolument égal & semblable, placé immédiatement au dessous de lui, & en recevant le mouvement par la roue de cuivre dentée *t*, qui s'engraine dans une autre roue, égale aussi, & semblable à la premiere. Le Coton enfin passe entre ces deux cylindres, comme une étoffe à imprimer, gaufrer ou lustrer, passe entre les cylindres propres à lui donner ces apprêts : il passe de A en B en C D I E F G H, encore en I, puis sur le tambour L M, d'ou les loquettes sont levées par le cylindre ou rouleau M, à lames de fer blanc : celui-ci les rejette sur un plan incliné, d'où elles passent sous le rouleau de bois N cannelé, qui les roule sur la suite du même plan incliné, & leur donne la forme & la consistance propres : elles tombent ensuite, en état d'être filées, rangées les unes sur les autres, dans une boîte posée à terre en O, où on les amasse en plus ou moins grande quantité.

Les rouleaux M & N sont mus, le premier par une corde croisée qui part de la poulie *l*, du cylindre I, pour se rendre sur la poulie *o*; le second par une corde non croisée qui passe de la petite poulie *p*, sur la poulie *q*.

On a pratiqué, sur la poulie *l* du cylindre I, trois rainures paralleles de différentes hauteurs, pour tendre plus ou moins la corde de communication à la poulie *o*.

D'après ce simple exposé, & la vue de la disposition des cardes, indiquée sur la Planche deuxieme, on comprendra aisément, & le mouvement de toutes les parties de la machine, & l'effet de chacune.

Ce mouvement continuel, toujours doux, & sans le moindre ressort, s'exécute sans gêne, par le seul Ouvrier appliqué à la manivelle Z. Toutes les poulies, ou roues à rainures, qui tiennent aux cylindres, sont formées sur le prolongement même des cylindres. Les cordes sont de fils de chanvre ou de Coton, en observant toujours d'adoucir

leur jonction le plus qu'il est possible; il seroit mieux qu'elles fussent de boyaux; mieux encore peut-être qu'on leur substituât des chaînes dans le goût de celles de montres, s'il n'étoit pas des cas où il devient nécessaire de donner aux cylindres un petit mouvement en avant ou en arriere les uns des autres.

On a exécuté cette mécanique, & on la met en action sans le secours de la plupart de ces cordes, mais au moyen d'une vis sans fin qui passe en dessous des cylindres, & d'une suite d'engrainages des cylindres les uns dans les autres. Il est certain que la marche de celle-ci est plus uniforme; mais son mouvement est plus dur : elle est plus lourde. Je ne prononce point sur la préférence à donner : l'une & l'autre aura ses partisans, en attendant qu'une plus longue expérience mette à même de décider la question (1).

Il me paroît inutile de parler ici du filage ordinaire au rouet : indépendamment de ce qu'il est répandu d'un bout du Royaume à l'autre, & connu de tout le monde, les fabriques de Velours de Coton ne s'occupent guere de celui-ci; elles achetent tous ces Cotons filés de gens qui font leur état du travail ou du commerce de cet objet, & qui les portent, soit aux Halles ou Marchés, soit dans ces Manufactures même (2).

A l'égard de la filature en gros, préparatoire à celle de la mécanique, elle se fait au rouet à l'Angloise, à table ou banc horizontal, le même avec lequel on file en fin étant assis.

On carde le Coton comme pour le filage ordinaire, avec cette différence que les *loquettes* doivent être beaucoup plus menues : la filature en gros en est beaucoup plus prompte, plus unie, parce qu'il les faut moins serrer pour laisser couler le Coton; il se matonne moins, & le fil en est plus égal en densité comme en volume. L'aiguillée du fil en gros se fait en deux fois; elle se tire d'abord de toute l'étendue du bras, l'Ouvriere étant debout; puis elle la laisse tomber à terre, pour reprendre sur le bout même de la broche, & en tirer la partie qui s'y est roulée sans être entiérement filée; ce qui ajoute beaucoup à la premiere aiguillée; & en coulant la main de dessus cette derniere partie sur la premiere, le rouet tournant toujours, l'Ouvriere fait disparoître le gonflement qui les sépare, & les deux aiguillées se trouvent réunies en une, égale dans toute son étendue. C'est en *renvidant* cette aiguillée, qu'on en outrepasse toujours un peu la partie filée également, pour avoir de quoi fournir plus de longueur à l'aiguillée suivante. La nécessité de laisser sur le bout de la broche du Coton en loquette, à la filature en gros, & celle de l'alonger quelquefois très-lentement, & toujours très-peu tors, a été jusqu'à présent un obstacle de se servir d'une mécanique pour cette premiere filature.

Il faut être bien exercé dans ce genre de travail, pour que le Coton conserve avec une même grosseur, une dilatation égale dans toutes ses parties; & ces qualités sont essentielles, parce que, donnant toujours à la mécanique les mêmes longueurs de fils gros, pour obtenir des longueurs aussi égales entre elles de fils fins, si la quantité de matiere n'étoit pas toujours égale, il y auroit des fils plus

---

(1) Comme cette mécanique est d'une exécution difficile & dispendieuse, & qu'il est douteux de trouver, dans tous les lieux où elle pourra être utile, des Ouvriers intelligens, & assez habiles pour la bien rendre, même d'après les dessins, je conseille dans ce cas-ci, de s'adresser tout uniment au sieur Regnier, *chez M. Brehon, Marchand Epicier à Sens.* Employé par l'Administration dans la même partie, cet Artiste ingénieux est le plus en état, de ceux que je connoisse, de la faire exécuter, de la réformer, de la simplifier même, & de bien juger de son effet. Il a en outre une connoissance particuliere des matériaux convenables, & du prix de tous les objets, qui le met à même de la fournir plus parfaite sans doute, & à meilleur compte qu'elle ne reviendroit peut-être à ceux mêmes qui le feroient faire par économie.

(2) Je pense d'ailleurs qu'un petit traité de la filature des différentes matieres végétales sera mieux placé à la tête de l'Art du Toilier, que je me propose de publier incessamment, avec des détails sur les divers genres de toiles & de toileries, les blanchissages & les apprêts qui leur conviennent.

ou moins gros, plus ou moins tors, & le but essentiel seroit manqué ; car c'est encore moins pour l'accélération des opérations qu'on préfere cette mécanique à la pratique ordinaire, que pour leur uniformité.

Si malgré la pratique & l'attention, il se trouvoit dans la filature en gros des parties d'une inégalité trop apparente, on les sépareroit, & l'on rejoindroit les fils. Ces bouts séparés se recardent, pour être filés au rouet en *fin commun* pour les cannelés. Il faut cependant les éviter autant qu'il est possible, parce qu'il y a toujours à perdre, & que le travail en est moins parfait.

La connoissance de la mécanique est nécessaire à qui veut l'employer. On opere mal, quand on ne connoît qu'imparfaitement l'usage & les effets des parties de l'instrument avec lequel on opere. Cette mécanique, quoique très-répandue en Angleterre, ne l'est point du tout en France ; elle y est depuis plusieurs années un objet de mystere ; & la premiere connue & publiquement mise en usage, est celle que j'ai entrepris de faire exécuter en Août 1775, sans en avoir jamais vu moi-même. Elle demande donc plus que toute autre une description détaillée qui en facilite l'intelligence, l'exécution & l'emploi à tout le monde (1).

De la Mécanique à filer le Coton, & de la maniere de s'en servir (*Planche* 4 & 5, *Fig.* 1, 2 & 3.).

La charpente de cette Mécanique consiste en six piliers *p p*, en pieces latérales posées par bas *x x*, & en celles 3 3, également par bas ; & sur la largeur, en deux autres traverses *n n*, de l'un à l'autre pilier du milieu, l'une en dessus, & l'autre en dessous du tambour ; enfin, en deux parties *l l*, taillées en feuillures, pour servir de coulisses à la barre *b b*. Ces deux dernieres pieces de bois, qui sont sur la longueur du métier, la déterminent. Elles sont ici de cinq pieds & demi ; il les vaut mieux de six. A l'égard de la largeur, elle peut être de quatre pieds à quatre pieds & demi, Il est essentiel que toutes ces pieces soient de bon bois de chêne, qu'elles aient de l'épaisseur & de la force, & que justement encaîtrées les unes dans les autres par des mortoises, & bien chevillées, elles fassent de leur ensemble un tout solide. L'uniformité des mouvemens imprimés par l'action de la manivelle, en dépend ; & c'est de cette uniformité dans l'action de toutes les parties en mouvement, que dépendent la célérité & l'égalité dans l'opération. Comme l'action communiquée à la manivelle ne s'imprime point sans quelque effort, & que toutes les parties, mues par une suite de communication, se ressentent toujours plus ou moins de cet effort, il est essentiel, dis-je, qu'il n'y ait jamais de secousses, de mouvemens interrompus ou inégaux : le premier & l'un des plus sûrs moyens d'éviter ces inconvéniens, est que la solidité & le poids de la charpente soient tels, qu'en supportant toutes les pieces en action, elle les contienne sans participer en rien à leur mouvement.

h h h h, est un cadre qui n'est pas encaîtré dans les montans, mais qui y entre en coulisse, & qui repose sur une barre de traverse, d'où on le tire & replace à volonté. Voyez-le, *Fig.* H H: Ce cadre contient les broches sur lesquelles se file le Coton. On les voit garnies de plusieurs noix en buis, posées

dans la direction d'un plan incliné, pour que les cordes qui leur communiquent le mouvement du tambour, ne se frottent pas les unes les autres. Les broches sont en acier bien poli : elles ont une ligne & demie ou environ de diametre par le bas, & elles vont en amincissant dans la partie hors du cadre, jusqu'au bout qui est très-pointu ; c'est sur cette derniere partie que se forme la bobine du fil fin. Il est essentiel que les broches soient bien égales en diametre, en longueur, & en pesanteur, ainsi que les noix.

La partie du cadre *y y*, est comme celle *z z*, percée d'outre en outre, & les trous sont garnis en cuivre foré, plutôt que fondu percé ; les frottemens en sont plus doux. Il faut que le mouvement de rotation des broches soit très-doux dans ces trous ; mais il faut que ces trous-là même soient très-justes, pour que les broches ne tergiversent point dans leur mouvement. Ces broches se terminent à la base en cône renversé dont la pointe est émoussée : elles pivotent sur des morceaux de verre enchâssés dans la piece de support du cadre. Il y a peu de contact, peu de frottement ; & lorsque le verre commence à s'égriser, on le change ; ou mieux encore, on lui substitue des cailloux bien moins susceptibles d'être entamés.

Au haut & en dehors des mêmes piliers, entre lesquels le cadre est enchâssé, est un axe soutenu & tournant en *o o* ; deux morceaux de bois *i i*, y sont implantés à angles droits, & soutiennent par les autres extrémités deux fils de fer *f f*, peu distans, & paralleles. A l'extrémité de l'un de ces morceaux de bois, près du point où sont fixés les fils de fer, est attachée une corde de ce tambour, qui, tendue verticalement, est attachée par l'autre bout à l'extrémité de la pédale *q q*. Lorsqu'on presse sur cette pédale, on fait tourner l'axe *o o*, incliner les morceaux de bois *i i*, & abaisser les fils de fer *f f* : la corde *s s*, qui coule au long du poteau, & au bas de laquelle est suspendu un poids assez lourd, est attachée à une petite roue, fixée elle-même au bout de l'axe tournant ; ce plomb fait contrepoids, & remet les fils de fer à leur premiere hauteur horizontale, lorsqu'on démarche la pédale.

Cette pédale est attachée par deux morceaux de cuir à une tringle contre laquelle elle a un jeu de charniere ; ce jeu se fait sur le plancher même, dans le milieu de l'interruption de la traverse d'en bas, au dessus de laquelle il auroit été trop gênant de soulever le pied à chaque pression. La situation ordinaire de la pédale est d'être inclinée, le bout opposé à la charniere tenu élevé par le poids du plomb.

Le tambour *t*, est une planche en feuillet roulée, comme pour une circonférence de crible ou de tamis, d'environ vingt pouces de diametre, & de sept à huit pouces de haut : les rayons l'unissent à l'axe qui le soutient & sur lequel il tourne. Cet axe est soutenu & compris entre deux boëtes 6 6, adaptées l'une à la traverse de dessus, & l'autre à celle de dessous, l'une & l'autre à vis & écrou ; celle du bas, dont la vis est posée horizontalement pour avancer ou reculer de la traverse le pivot de l'axe du tambour, & celle du haut, dont la vis est posée verticalement pour serrer plus ou moins ce même axe contre son point d'appui. Le premier effet est de donner aux cordes une tension tou-

---

(1) Cet Art, décrit en 1776, fut remis alors, avec les dessins qui y ont rapport, au Magistrat chargé du détail du commerce, & Honoraire de l'Académie des Sciences : il fut lu par M. de Montigny, Directeur aujourd'hui de la même Académie. L'Auteur envoyé dans le même temps en Italie par l'Administration, n'a pu revoir le manuscrit que depuis son retour : il y a fait plusieurs corrections, qu'il doit à l'expérience & aux avis du sieur Alix, Entrepreneur d'une Manufacture de Velours de coton & de Piqués à Amiens, & à ceux du sieur Régnier, employé par l'Administration à des objets relatifs à cette partie, avec lesquels il l'a relu. Il y a actuellement à Amiens de soixante-dix à quatre-vingt mécaniques à filer le Coton, & elles commencent à se répandre dans la Province.

jours égale, & le second d'empêcher que le tambour ne vacille dans ses rotations. Si les rayons de ce tambour étoient appuyés perpendiculairement contre des morceaux de bois placés en dedans du feuillet ceintré, & de sa hauteur, plus ferme & moins susceptible des influences de l'atmosphere, il ne se déjetteroit pas. Et si, au lieu des boîtes à vis, pour reculer ou avancer ce tambour, on le plaçoit dans un chassis à coulisses fait dans le goût du porte-broches, & appuyé sur les barres de côté de la mécanique, ne pouvant se mouvoir que de l'avant en arriere, & étant contenu par deux vis de chaque côté, tenu ferme, il conserveroit toujours son aplomb.

On place entre le tambour & la boîte de dessous, une roue à plat & à rainure, à laquelle l'axe du tambour est commun. Il passe dans la rainure de cette roue une corde *s*, qui correspond à la roue *r*, qui a pour axe la piece verticale 2, laquelle, mue par la manivelle *m*, communique le mouvement au tambour. Il se trouve encore au haut & au bas de cet axe des boîtes 6, à vis *v*, pour l'avancer ou le reculer, & donner plus ou moins de tension à la corde de communication des deux roues. Il convient, pour plus de légéreté, de douceur & d'égalité dans les mouvemens, que ces deux axes verticaux soient en fer, & qu'ils pivotent dans des crapaudines de cuivre.

Si l'on imprime actuellement un mouvement de rotation à la manivelle *m*, elle le communiquera à l'axe 2, celui-ci à la roue *r*, la roue à la corde *s*, cette corde à la roue *s*, qui est au dessous du tambour, & celle-ci au tambour même. Qu'on suppose moitié autant de cordes *sss* sur ce tambour, qu'il y a de broches sur le cadre *h h h h*, & chacune de ces cordes embrassant deux broches (Voyez *Fig.* 3, qui est la représentation de la mécanique dessinée à vue d'oiseau. Voyez encore la *Fig.* A.), on concevra que le mouvement de la manivelle & celui des broches, ou plutôt le nombre des rotations de la roue & des broches, sera en raison inverse des diametres du tambour & des broches, ou de celui des noix, quant aux broches, les cordes passant sur ces noix; d'où l'on voit le moyen d'augmenter ou de diminuer relativement ces rotations, le premier mouvement étant toujours supposé égal.

La hauteur du tambour est, ainsi que l'inclinaison du plan des noix, pour distribuer les cordes de maniere qu'elles ne se frottent ni ne s'accrochent les unes aux autres. On a déja vu que l'inclinaison du plan des noix des broches, avoit pour objet d'éviter le même inconvénient; & elle doit être telle, que le plan que forme chaque corde soit tout ou approche le plus de la situation horizontale : autrement ces cordes attireroient les broches en en-haut ou en en-bas. Dans le premier cas, les broches seroient exposées à des ressauts, & même à se déboîter, ce qui arrive quelquefois : dans le second, la pression & le frottement en font augmentés; le mouvement est plus difficile, & l'action inégalement distribuée.

Ces petites cordes doivent être en boyaux, moins susceptibles de l'humidité qu'aucune autre matiere. Il faut avoir attention d'en faire les nœuds le moins gros, & de leur donner une tension la plus égale possible. Avec toutes ces précautions, on aura encore à lutter contre la différence des impressions de l'atmosphere sur les cordes multipliées, & aussi contre la différence des frottemens de ces cordes, & sur les deux noix que chacune embrasse, & sur toutes les noix relativement les unes aux autres.

Nous avons cherché à diminuer les causes de cette *inuniformité*, qui en devoit nécessairement apporter dans les effets. La premiere idée a été de changer la disposition des broches (*Fig.* A), & de les arranger de maniere que chaque corde, partant des deux broches pour aller envelopper le tambour, formât au point de tengence deux angles égaux; mais les fils ne conservoient plus la même distance entre eux, & lorsqu'ils avoient peu de tension, ou qu'il arrivoit qu'il s'en rompît, ils s'accrochoient, ils se brouilloient plus aisément.

Réfléchissant ensuite à la forme & à l'effet des moulins à retordre, toutes ces cordes n'ont paru que l'échafaudage d'une premiere invention très-susceptible d'être perfectionnée. Nous lui avons donc adapté la roue plate, au lieu du tambour, & la courroie à la place de toutes les cordes; alors il a fallu changer la direction en ligne droite des broches; les roulettes ou poulies horizontales placées aux deux extrémités de la file des broches, supportoient la plus grande partie du frottement : plus avancées, elles le supportoient tout; plus reculées, les deux premieres broches, l'une de chaque côté, partageoient cet excédent de frottement, & il n'en restoit plus assez pour la suite des autres broches.

On a donné à cette file la forme d'un arc de cercle d'un plus ou moins grand rayon. Trop surbaissé, les broches du milieu ne recevoient pas une assez forte impression de la courroie, ou il auroit fallu lui donner une tension telle que les mouvemens en auroient été gênés & trop durs (Voyez la *Fig.* B.). Trop ceintré, ces mêmes broches du milieu s'éloignant beaucoup plus que les autres de la barre *b b*, il en résulteroit des longueurs de fils plus considérables, & de l'inégalité dans la filature par conséquent. Pour conserver donc assez de courbure, sans trop éloigner les broches, on a multiplié ces courbures & les poulies en même proportion (Voyez la *Fig.* C.). Enfin on a poussé le nombre des poulies jusqu'à cinq, les trois du milieu très-rapprochées, pour rendre les frottemens plus égaux & suffisans; & l'on a senti qu'on pourroit se servir très-utilement d'un porte-broche d'une ou de plusieurs courbures, en y conformant la barre, ce qui seulement m'avoit embarrassé; mais alors on arrêteroit les fils contre cette barre, au moyen d'une courroie raccourcie par un petit ressort ou tire-bourre : là, tendue & serrée, elle les retiendroit.

Quelqu'autre a-t-il fait les mêmes recherches ? S'y est-il pris différemment ? A-t-il mieux réussi ? En fait-il usage ? C'est ce que j'ignore absolument; n'ayant vu d'autre mécanique de ce genre que celles que nous avons fait exécuter, ni avant, ni pendant, ni depuis leur exécution ; & n'ayant pu causer avec personne qui eût voulu donner la moindre idée de ces changemens.

Ce qu'on propose ici, quoique d'après l'expérience, ne sont donc pas des points de perfection auxquels on doive s'arrêter. L'érat actuel de cette mécanique n'est que l'idée de la chose. Elle est, comme on l'a déja observé, très-susceptible d'être étendue & perfectionnée. Nous y avons porté le nombre des broches à trente; & de quinze ou vingt mécaniques qui ont été exécutées sous mes yeux, il n'y en a pas une d'un moindre nombre de broches : mais je suis persuadé qu'on peut doubler ce nombre, & que, par des dispositions différentes, on arrivera à filer des fils comme on en retord, & plus encore comme on en peut retordre, par centaines à la fois (1).

---

(1) On a depuis obvié à tous ces inconvéniens, en remettant toutes les poulies sur une ligne droite & horizontale, & les faisant toutes également presser par la corde à boyau, au moyen d'autres poulies placées sur le derriere, alternativement de deux

Telle qu'eft celle-ci enfin, confidérée comme achevée, montée, tous les mouvemens fe communiquant librement, il nous refte à en faire voir l'application. Qu'on fe. repréfente deux petites planches *cc*, attachées l'une à plat, & l'autre de champ, l'une contre l'autre, au bout des pieces *ll*, fur le derriere, dans lefquelles font implantées verticalement des broches de fer, pour fervir d'axe aux bobines de la filature en gros, faites fur des canons de rofeau, & qu'on dreffe fur ces planchettes, comme on le voit en *gg* : qu'on imagine auffi le haut des broches *uu*, garni d'un refte de bobines de fil fin, formées fur des canons de papier, & qui n'ont pas été dévidées entiérement à deffein : qu'on fuppofe encore une barre *bb*, divifée en deux parties fur toute fa longueur, les deux parties doublement crénelées pour s'enclaffer l'une dans l'autre, auffi fur leur longueur, appuyée & à couliffes par les deux bouts fur es côtés *ll*. Si une Ouvriere placée en *a*, tire d'une part le fil en gros de chacune des bobines *gg*, & les paffe entre les deux parties féparées ce la barre *bb*, obfervant de les placer à des diftances bien égales ; qu'elle rejoigne enfuite ces deux parties de la barre, les bouts paffant, il eft évident que les fils y feront faifis & fortement arrêtés. Si d'un autre part l'Ouvriere conduit le bout des fils en fin par la pointe des broches, paffant entre les fils de fer *ff*, jufques vers la barre où dépaffent les fils en gros, & qu'elle accroche tous ces bouts, chacun à chacun, les uns vis-à-vis les autres, par un tors léger, il en réfultera des longueurs & une fuite de fils tels qu'ils font repréfentés par les petits points & les 7 7 7 de la figure deffinée à vue d'oifeau La barre doit être beaucoup plus rapprochée alors des fils de fer *ff*, qui foutiennent les fils en fin.

Pour donner la longueur de fils en gros néceffaire à former celle de fil en fin, il n'eft queftion que de rouvrir la barre, & de la reculer d'autant. Le point de réunion des deux bouts de fil n'en change pas de place ; il a été fait très-près de la barre : on l'en éloigne d'environ fix pouces, plus ou moins, fuivant la qualité de la matiere, la groffeur de la filature en gros, & la fineffe qu'on veut donner à la filature en fin. Cette diftance une fo s déterminée, on obferve toujours la même avec la même matiere, pour une fineffe femblable & un tors égal. Les chiffres 1, 2, 3, 4, 5, 6, tracés fur la barre du côté de la manivelle, fervent à régler l'Ouvriere à cet égard, au moyen d'une pinulle ou régulateur. On referme la barre ; & l'Ouvriere placée en *a*, comme on l'a dit, tournant la manivelle *m* de la main droite, & pouffant la barre doucement en atriere de la main gauche, le fil en gros s'étend en même temps que le fil en fin fe forme. On continue de pouffer la barre ainfi jufqu'en *cc*, vers la premiere rangée des bobines en gros *gg*, en tournant toujours la manivelle. On la tourne encore huit à dix tours de fuite avec vîteffe, fans donner aux fils plus de longueur. C'eft dans cette derniere opération qu'ils acquierent le degré de tors qui leur convient, & qu'on le fixe par le nombre des tours de roue qu'on eft libre de déterminer.

L'Ouvriere alors, d'un petit mouvement de manivelle en fens contraire, fait que les pointes des broches par lefquelles les fils s'étoient toujours dirigés, s'en deffaififfent : elle preffe incontinent la pédale *q*, qui fait incliner les chevilles *ll*, & baiffer les fils de fer *ff*, au moyen defques on dirige actuellement le fil à volonté fur la bobine, en rapprochant la barre de ces bobines *uu*, & tournant la manivelle, pour renvider les fils filés. On lâche le pied ; les fils de fer reprennent leur premiere fituation, & ils font reprendre la leur aux fils de coton : toute chofe eft remife en l'état où elle étoit en commençant. On rouvre la barre ; on la recule d'environ fix pouces ; on la referme ; on tourne la manivelle en pouffant la barre tout doucement jufqu'au fond ; on donne plufieurs tours de roue fans remuer la barre ; on donne un léger mouvement à la manivelle en fens contraire ; & enfin on preffe la pédale en même temps qu'on ramene la barre, & qu'on tourne la manivelle.

Lorfque l'aiguillée de coton a toute fon étendue, il ne faut pas abandonner la barre de la main : mais lorfqu'on fent que le coton l'altere un peu en fe raccourciffant par le tors, il faut s'y prêter d'un pouce ou environ, mais graduellement, & ne pas outrepaffer cette diftance, jufqu'à ce que le fil, ayant acquis fon degré de tors, on le renvide. Il eft inutile d'obferver que le coton pour chaîne devant être plus tors que celui pour trame, il faut un plus grand nombre de tours au premier qu'à celui-ci.

S'il fe caffe des fils dans cet intervalle, & que les bouts pendans s'accrochent à d'autres, il faut arrêter fur le champ & raccommoder ces fils, ou du moins en retirer les bouts, celui du côté des broches principalement. Lorfqu'ils pendent fans nuire en rien au refte du travail, on va fon train jufqu'au prochain retour, qu'on les raccommode exactement. Les bouts caffés & féparés, qu'on ne fauroit rejoindre, & qui ne laiffent pas d'être en nombre & de faire volume, lorfque les mouvemens de la mécanique ne font pas égaux & doux, lorfque la matiere eft commune, trop courte, & mauvaife, lorfqu'elle a été mal favonnée, mal cardée, & mal filée en gros, lorfque enfin l'Ouvriere eft peu adroite ou mal exercée ; ces bouts, dis-je, fe recardent pour une filature commune, au rouet ordinaire.

Avant de décrire la barre *bb*, qui eft une piece effentielle, j'obferverai qu'on couvre le tambour *t*, les cordes 5 5 5, & prefque tout l'intérieur de la mécanique, d'un grand chaffis qui pofe par le milieu fur la traverfe *nn*, & qui s'étend en pente fur le devant & fur le derriere, dans la forme d'un grand arc de cercle. Ce chaffis, qu'on couvre d'un papier vert, ou mieux encore, d'une toile calandrée ou luftrée de la même couleur, fert à empêcher que les fils qui caffent n'aillent prendre fur le tambour, ou fe mêler dans les cordes, à les retenir, & les avoir plus à la main pour les raccommoder ou les rompre : il fert encore à faire reffortir ces fils, & mettre à même de les mieux obferver d'un coup d'œil, pour juger de leur fineffe & de leur tors.

En ramenant la barre fur le devant pour renvider le fil fin, elle dévide du fil gros en même longueur. Lorfqu'on paffe à la formation d'une nouvelle longueur de fil fin, les fils gros fe replient fur eux-mêmes ; ils fe brouillent & s'accrochent quelquefois. On pourroit éviter cet inconvénient, en fixant les planchettes qui portent les bobines en gros aux reglettes d'équerre à la barre, & les rendant mobiles avec la barre même ; ce qui formeroit un petit chariot, dont le fieur Régnier a beaucoup adouci le mouvement, en le faifant rouler fur des tringles de fer rond poli, avec de petits cylindres de cuivre montés fur un axe en forme de poulie deffus & par côté.

Qu'on ne tente point de faire aller le chariot

l'une. On a pu porter de cette maniere le nombre des broches jufqu'à quarante. Voyez le cadre ou fupport CP, qui en a ce nombre. On a encore doublé parallélement le rang de ces broches dans plufieurs mécaniques ; & fur le derriere de chaque rang, on en a mis un de poulies de rejet de la corde à boyau. Ces dernieres mécaniques ont cinquante-trois broches, & filent autant de fils à la fois.

par un moyen méchanique auquel la main n'auroit pas une part directe, puisque l'uniformité de mouvement n'apporteroit au besoin aucune variété dans la filature, & qu'on ne peut juger qu'au tact, par le plus ou le moins de poids ou de résistance du chariot, du degré de finesse ou de tors du coton.

La barre à cheville étoit la seule connue, lorsque j'ai fait faire la première méchanique ; mais cette barre nous a paru sujette à tant d'inconvéniens, qu'elle a été la première piece que nous ayons eu l'idée de réformer : elle étoit sujette à se déjeter ; plus on la serroit par le milieu, plus elle bâilloit sur les extrémités ; & malgré les crénelures intérieures, les fils couloient quelquefois par ces parties entr'ouvertes. En serrant moins, ils auroient coulé tout du long ; en serrant trop, ou dans les temps humides, les rainures de la barre entrant les unes dans les autres, & y saisissant le coton avec force, il ne restoit plus assez de poids à sa partie inférieure pour s'échapper lorsqu'on tiroit la cheville ; il falloit frapper dessus de la main, & à plusieurs fois, pour opérer cette séparation.

Il falloit toujours que l'Ouvriere portât en avant ses deux mains à la fois jusqu'au milieu de la barre, l'une pour la serrer, l'autre pour placer la cheville à chaque fois qu'il étoit question de la fermer ou de l'ouvrir. La broche d'ailleurs devenoit un meuble embarrassant dans le dernier cas ; l'Ouvriere la plantoit dans ses cheveux, &c. On a obvié par degrés à ces différens inconvéniens ; & la derniere invention qui n'en a aucun de ceux dont on vient de parler, est celle à laquelle on s'est fixé. Elle consiste en trois bascules à sonnettes *d d d*, mues par une petite tringle de fer, brisée aux unes par le milieu, d'une seule piece aux autres, que l'Ouvriere arrête sur la barre même où elles sont placées, au moyen d'une mortaise pratiquée au bout de la tringle, & d'un crochet fixé sur la barre. Ces trois bascules partagent la barre en quatre parties à peu près égales. Elles sont attirées par un côté, & de l'autre elles élevent en même temps la partie inférieure de la barre par des fils de fer, qui, passant au travers de la partie supérieure, vont saisir & amenent l'autre, de maniere à les unir ensemble, avec une force & une pression par-tout & toujours égales.

La tringle est armée d'un bouton, pour la tirer jusqu'à ce que la mortaise arrive au tenon. Tout cela est pratiqué sur l'extrémité de la barre du côté de l'Ouvriere ; & elle fait ces mouvemens avec promptitude, & sans la moindre gêne. Ils sont doux, sans soubresaut, & leurs effets toujours égaux.

On remarquera que la partie supérieure de la barre représentée plus en grand en B B, est terminée par de courtes regles, un peu échancrées en dedans, & posées d'équerre. C'est sur les regles 4 4 4 4, qu'est supportée la barre, & qu'elle va & vient en façon de coulisse dans les feuillures des pieces *l l*. Il est très-important que ce mouvement soit facile & doux : la barre qui iroit & viendroit à la moindre impulsion, n'en seroit que plus parfaite. Pour en faciliter le mouvement & lui donner cette perfection, on enchâsse dans des mortaises pratiquées au extrémités de ces regles, de petites roulettes de cuivre qui excedent ou dépassent leur surface en dessous & de côté, d'une ligne ou d'une ligne & demie. Chaque regle porte ainsi quatre roulettes, deux en dessous & deux de côté ; ce qui fait huit roulettes, quatre pour le support de la barre, & quatre pour éviter les frottemens par côté.

Cette barre doit être faite d'un bon bois de chêne, bien sain & bien sec, arrondie dessus & dessous, & bien polie, afin que les fils ne s'y accrochent pas.

J'ai déjà observé qu'un des plus grands avantages de la filature à la méchanique, est d'avoir des fils égaux en finesse & en force : à l'égard de celui qui résulte de la quantité, il est proportionné à la finesse du fil. Car le savonnage, le cardage, la filature en gros, & toutes les opérations préparatoires étant les mêmes, il y a d'autant moins à gagner pour celui qui achete la matiere & qui l'emploie, & pour l'Ouvriere qui la travaille, que le fil enfin est filé plus gros. Il donne moins de longueur, il est d'un numéro plus bas ; il fait plus commun, & le prix de la façon est moindre. A tel degré, il n'y auroit plus de profit ; passé ce degré, il y auroit de la perte. Le point est inassignable ; c'est à la pratique à le déterminer d'après ces observations.

Cette méchanique est également propre à la filature de la laine cardée ; mais je dois convenir que mes tentatives sur la laine peignée n'ont point encore eu le même succès. Rase & seche, celle-ci, dans la roideur de sa filature, avec l'effort d'un ressort bandé, se retire & se détord de part & d'autre, lorsqu'un fil vient à casser. Le rapprochement & un tors léger ne suffiroient point d'ailleurs comme à la laine cardée, & sur-tout au Coton, pour les faire reprendre ensemble. Le Coton a des fibres très-courtes qu'il faut beaucoup mêler ensemble, confondre même les unes dans les autres, en leur faisant prendre une infinité de directions différentes, d'où résulte leur accrochement, avec une force capable de résister aux opérations de la filature & du tissage ; mais ce degré de force ne s'acquiert que par une progression très-lente, & si peu sensible d'une partie à l'autre, que si le Coton se casse au moment même où il passe à l'état de fil, où il acquiert le degré de tors qui le constitue fil, chaque partie tombe & reste immobile. La laine est plus longue que le Coton : ses fibres ont plus d'élasticité, plus de roideur ; plus elle est naturellement courte, fine & douce, plus elle se rapproche du Coton par les propriétés qui le rendent susceptible d'une filature aisée & fine à la méchanique ; & c'est à raison de ces différences que la communication du tors est plus prochaine & plus subite. Quelque fine donc & bien cardée que soit la laine, il faut que le mouvement de la méchanique, propre à la convertir en fil, soit plus lent à proportion de ce que le mouvement progressif des parties de la matiere les unes sur les autres est plus accéléré : il faut grossir les broches sur lesquelles les fils se forment, les noix qui essuient les frottemens, ralentir encore le mouvement par d'autres moyens, ce qui est facile. A l'égard de la laine peignée, dont les fibres sont très-longues, rapprochées, mais divisées par le peignage ; le tors imprimé sur l'une de ses extrémités se communique soudain à l'autre ; & de proche en proche, toute l'étendue d'une aiguillée, ou du développement de la matiere propre à la former, se ressent, presque au même instant & au même degré, des influences de cette opération. Alors une tension plus forte que celle qu'a donnée l'acte de rapprochement, fait casser le fil ; & toutes ses parties tendent très-promptement à reprendre leur premier état : ce n'est plus un fil. Si au contraire la tension n'est pas suffisante pour contenir également toutes ses fibres dans l'état uniforme de contraction que leur a procuré le mouvement de la méchanique, elles se rapprochent, se surmontent, se cordellent, se bouclent ; ce n'est plus du fil, & la matiere n'est plus propre à rien. Celle du chanvre & du lin, qui ne sont que des écorses beaucoup plus dures & plus longues, & sur lesquelles les mouvemens du tors se communiquent beaucoup plus rapidement encore, & casse plus subitement, plus sec, plus net ; se surmonte, se boucle, se cordelle plus précipitamment. Telles sont les raisons pour lesquelles on n'a point encore appliqué la méchanique à la filature des laines &

des soies cardées ; celles qui éloignent davantage d'en faire usage pour les laines peignées; plus encore pour le chanvre & le lin. On ne juge pas cependant que la chose soit impossible ; j'espere même, & je prédis que tôt ou tard elle aura lieu.

Du Dévidage, & du Tarif.

Le Dévidage du Coton se fait de la même maniere, avec les mêmes précautions, & un semblable dévidoir qu'il est indiqué à cet article, dans l'Art du Fabricant des Etoffes rases, &c. On dévide six, huit à dix bobines, suivant la longueur de l'aspe, pour en former autant d'écheveaux. On les arrête tous les quatre-vingt tours, ou à chaque centaine d'aunes, pendant sept révolutions semblables & successives. On arrête alors le fil d'une maniere plus déterminée, & on leve les écheveaux divisés chacun en sept pieces. On détermine le prix de la filature, le prix du fil, son numéro par conséquent, & l'emploi de ce fil, par le poids de la piece ou celui de l'écheveau.

Les Cotons employés dans la fabrique des Velours, sont quelquefois pris des Nos. 26, 27; mais communément du N°. 30 au N° 40. Le N°. 15 est le plus ordinaire pour le canneté, quoiqu'on en fasse avec des fils du N°. 20, & même du 24 : & les extrêmes auxquels on ne monte & on ne descend guere, sont 12 & 45. Il est très-rare qu'on file pardelà le N°. 60. Il n'y a même pas d'usage qui ait déterminé dans ces cantons le prix de la filature depuis les Nos. 48 ou 50. On pourroit filer plus fin sans doute, & il seroit très-aisé d'alonger ce tableau, mais cela seroit inutile.

Il est essentiel de remarquer que le plus ou moins de tors du fil fait varier son numéro, sans qu'il en soit plus ou moins gros: car, à diametre égal, c'est le degré de tors des fils qui détermine leur poids.

TARIF.

	POIDS DE L'ECHEVEAU.				POIDS DE LA PIECE.			
Nos.	Onces.	Gros.	Grains.	Fract.	Onces.	Gros.	Grains.	Fract.
1	16				2	2	20	[illegible]
2	8			[illegible]	1	1	10	[illegible]
3	5	2	48			5	6	[illegible]
4	4					4	41	[illegible]
5	3	1	43	2/5		3	47	[illegible]
6	2	5	24			2	3	[illegible]
7	2	2	20	4/7			44	[illegible]
8	2					2	20	[illegible]
9	1	6	16			2	2	[illegible]
10	1	4	57	[illegible]		1	59	[illegible]
11	1	3	45	[illegible]		1	47	[illegible]
12	1	2	48	[illegible]		1	37	[illegible]
13	1	1	60	[illegible]		1	29	[illegible]
14	1.	1	10	[illegible]		1	22	[illegible]
15	1		38	[illegible]		1	15	[illegible]
16	1					1	10	[illegible]
17		7	38	2/17		1	5	[illegible]
18		7	8			1	1	[illegible]
19		6	53	[illegible]			69	[illegible]
20		6	28	[illegible]			65	[illegible]
21		6	6	[illegible]			62	[illegible]
22		5	58	[illegible]			59	[illegible]
23		5	40	[illegible]			57	[illegible]
24		5	24				54	[illegible]
25		5	8	[illegible]			52	[illegible]
26		4	66	[illegible]			50	[illegible]
27		4	53	[illegible]			48	[illegible]
28		4	41	[illegible]			47	[illegible]
29		4	29	[illegible]			45	[illegible]

Nos.	Poids de l'Echeveau.				Poids de la Livre.			
	Onces.	Gros.	Grains.	Fract.	Onces.	Gros.	Grains.	Fract.
30		4	19	[illegible]			43	[illegible]
31		4	9	[illegible]			42	[illegible]
32		4					41	
33		3	63	[illegible]			39	[illegible]
34		3	55	[illegible]			38	[illegible]
35		3	47	[illegible]			37	[illegible]
36		3	40				36	
37		3	33	[illegible]			35	[illegible]
38		3	26	[illegible]			34	[illegible]
39		3	20	[illegible]			33	[illegible]
40		3	14	[illegible]			32	[illegible]
41		3	8	[illegible]			32	[illegible]
42		3	3	[illegible]			31	[illegible]
43		2	70	[illegible]			30	[illegible]
44		2	65	[illegible]			29	[illegible]
45		2	60	[illegible]			29	[illegible]
46		2	56	[illegible]			28	[illegible]
47		2	52	[illegible]			28	[illegible]
48		2	48				27	
49		2	44	[illegible]			26	[illegible]
50		2	40	[illegible]			26	[illegible]
51		2	36	[illegible]			25	[illegible]
52		2	33	[illegible]			25	[illegible]
53		2	29	[illegible]			24	[illegible]
54		2	26	[illegible]			24	[illegible]
55		2	23	[illegible]			23	[illegible]
56		2	20	[illegible]			23	[illegible]
57		2	17	[illegible]			23	[illegible]
58		2	14	[illegible]			22	[illegible]
59		2	12	[illegible]			22	[illegible]
60		2	9	[illegible]			21	[illegible]

Fabrication du Velours.

Le Velours plein se fabrique le plus ordinairement dans le compte en 600, & quelquefois en 700; c'est-à-dire, de 12 à 1400 fils, deux fils en broche, sur la largeur de vingt pouces ; & avec du Coton du N°. 36, pour l'un ou l'autre compte. L'essentiel est que le Velours soit bien plein, les coupes serrées, le poil rapproché. Une chaîne de fond doit peser environ trois livres, pour une coupe de vingt-quatre aunes ; six livres pour les deux coupes : & celles de poil ou du velouté, environ cinq livres, dans sa longueur de soixante-douze aunes; dont il en faut quatre, & même travailler sur la cinquieme pour une chaîne de fond de quarante-huit aunes : c'est-à-dire, que soixante-douze aunes de poil ne font que de onze à douze aunes de Velours. La premiere est composée de fils doublés & retors fortement au moulin. Cette mécanique à retordre les fils de Coton, en ellipse alongée, à double rangs de bobines, employée dans les manufactures de Velours de coton, est décrite ci-après, à l'explication des Planches: Les fils de la chaîne de fond, ainsi doublés & retors au moulin, ne doivent pas être aussi tors que les autres à la mécanique, lors de la filature en fin; ils deviendroient durs, secs & cassans. La seconde chaîne, celle de velouté, est composée de fils simples, en nombre égal à celui de la chaîne de fond; deux fils encore en broche, quatre en tout; & du N°. 30, ce qui dépend aussi de son degré de tors; plus il l'est, plus il y a de matiere, plus le duvet abonde.

Il faut une trame de même matiere, & de même filature que celles du poil. On la fait débouillir, & on l'emploie mouillée. S'il arrivoit qu'après une cessation de travail, la trame se fût séchée, & qu'on l'employât ainsi sans la remouiller, elle s'approcheroit moins, le poil en seroit plus rare, l'étoffe plus creuse en cette partie, & l'effet disparate. On jugera de la quantité qu'il en entre, par le poids des différentes sortes de pieces déterminé ci-après,

sortant

fortant du métier : de 2 à 3 liv. par coupe de vingt-quatre aunes.

À l'égard du velvet-ret ou velvet-reft, la proportion de la chaîne eft toujours la même pour les différens comptes, que celle du Velour cannelé : mais celle de la trame varie beaucoup. La trame du velvet-ret ne doit pas être au deffus du N°. 15, & celle du cannelé eft comprife entre les N°s. 15 & 24.

La chaîne de *fond* du Velours plein, & celle de *poil* s'ourdiffent également par vingt bobines, & l'on met trente portées pour celles-ci, & trente & demie pour celle-là, à caufe des lifieres. Au Velours plein du compte en fix cents, le nombre des lames eft de fix, quatre pour le fond, & deux pour le poil, compofée chacune de trois cents liffes, ayant les unes, chacune un fil de fond tors & double, & les autres, chacune deux fils de poil fimples. Les dix-huit cents liffes ainfi garnies fe divifent de trois en trois, deux de fond & une de poil, pour diftribuer les fils, & en garnir également les fix cents broches du ros.

On fait jouer les quatre lames de fond par quatre marches, & les deux lames de poil par une feule marche; ainfi l'armure de ce métier eft compofée de fix lames, cinq marches, & cinq marchettes. En voici la difpofition, le paffage des fils, & la façon de marcher, indiqués au Velours plein (*Planche* 7 du métier, & 8 des marches, *Fig.* 1). On paffe la verge après avoir marché 1 & 4.

Les traits / marquent les cordes correfpondantes des lames aux marchettes, celles qu'on nomme les grandes cordes.

Les o marquent les cordes correfpondantes aux contre-marches, celles qu'on nomme les petites cordes; au Velours cannelé (*Planche* 8, *Fig.* 2), il n'y a que quatre lames, deux fimples, qui ne contiennent enfemble qu'un tiers de la chaîne; & deux doubles, qui en contiennent chacune un tiers.

La marche du velvet-ret ne differe qu'en ce qu'au lieu des lames doubles qui levent pour le cannelé, on fait lever les lames fimples, & l'on marche un pas de toile.

Le velvet-ret qu'on nomme à huit duites, parce qu'on en paffe trois de fuite à couper, que ce n'eft que la quatrieme qui ouvre le pas de toile, qu'on repaffe trois autres duites à couper, & que ce n'eft que la huitieme duite qui ferme & arrête ce premier pas, eft une étoffe forte, chargée de matiere, & dure à couper. On a trouvé le velvet-ret à fix duites, affez fourni & moins cher; & l'on ne fait plus guere que de celui-ci Voyez la marche (*Planche* 8, *Fig.* 3.).

1 marché, la lame 4 leve, & l'on paffe la premiere duite, qu'on coupe.

2 marché, la lame 2 leve, & l'on paffe la deuxieme duite, qu'on coupe.

3 marché, les lames 1 & 2 levent, & l'on paffe la duite, qui fait la toile.

4 & 5 fe coupent encore, & 6 clôt le pas de toile; ainfi de fuite.

Les lames 1 & 3 font toujours en deffous de la trame qu'on coupe : elles ont à elles deux les deux tiers de la chaîne : d'où l'on voit que lorfqu'il fe trouve une trame à couper, il y a cinq fils de la chaîne en deffous, contre un en deffus.

Pendant que j'en fuis aux marches des Velours de coton, je vais donner celles de deux étoffes, de ce genre de fabrication, devenues fort à la mode : les croifés en coton, dit fatinette, qu'on emploie beaucoup en vêtemens d'une feule couleur, ou imprimés à petits deffins; & les piqués de même matiere, qu'on confomme ordinairement en blanc.

Les croifés en coton fe font dans le même compte que les Velours à douze ou quatorze cents fils, fix à fept cents broches, deux fils en dent : fils doublés & retors : fur la largeur de vingt à vingt-deux pouces : chaîne de quarante-huit à cinquante aunes, qu'on met auffi en deux coupes : la trame du N°. 15 au N°. 24. On les fait croifés d'un côté, & à pas de toile de l'autre; ou croifés des deux côtés. Dans le premier cas, il faut cinq marches & trois lames (*Planche* 8, *Fig.* 4) : dans le fecond, quatre marches, & quatre lames (même *Planche, Fig.* 5). La vue de ces marches fuffira pour l'intelligence de leur jeu, ou toute autre explication feroit inutile.

On peut faire un croifé à côte, en ajoutant trois lames femblables aux premieres : les fils divifés de maniere qu'il y ait une intervalle de trois, quatre, cinq, ou fix liffes vuides, & autant de liffes garnes; plus ou moins, fuivant la largeur de la rayûre qu'on veut faire; en alternant plein & vuide, d'une lame à la fuivante; mettant par conféquent deux cents fils par lame, au lieu de quatre cents.

Dans le premier cas, il ne s'éleve qu'une lame à la fois, & tout eft croifé d'un feul côté : dans le fecond cas, il fe leve deux lames à la fois, & la cannelure, croifée d'un côté, eft unie de l'autre, *& vice verfâ* : cette étoffe n'a point d'envers proprement dit.

Armure de Piqué pour un carreau quatre points, fimple (*Planche* 8, *Fig.* 6 & *Fig.* A).

Marcher en même temps la premiere 1 à droite, & la premiere 1 à gauche, & paffer une duite de fil fin : frapper deux coups : continuer de marcher la premiere 1 à droite, & en même temps la deuxieme 1 à gauche, & paffer une feconde duite de fil fin : frapper deux coups. Marcher du pied droit la huitieme cotée 2, paffer une troifieme de fin : frapper : marcher du pied gauche la neuvieme cotée 3 : paffer une quatrieme duite de fin : frapper, fouler fucceffivement la cinquieme du pied droit, la feptieme du pied gauche, & la fixieme du pied droit : lancer entre chacune une duite de fil gros : de maniere que des fept duites paffées fucceffivement, les quatre premieres foient en fil fin, & les trois dernieres en fil gros.

Répetez tout ce *marcher* en employant la deuxieme à droite, cotée 2, au lieu de la premiere 1, puis avec la troifieme, & enfin avec la quatrieme. On a la moitié formée de tous les carreaux; & en recommençant on n'auroit que des zigzags ou bâtons rompus; mais en rétrogradant, c'eft-à-dire, en employant, après la marche 4, les marches 3, 2 & 1, au lieu de reprendre 1 2 3 & 4, & revenant par 2 3 & 4, on fera les deux autres côtés des carreaux; & ils feront terminés.

Armure de Piqué pour un carreau quatre points, double (*Planche* 8, *Fig.* 7 & *Fig.* B).

Le marcher fe fait comme il eft tracé d'après le principe indiqué à l'armure précédente; en rétrogradant à celle-ci de la neuvieme à la huitieme.

Les piqués fe font de deux mille quatre cents à trois mille fils en chaîne; quelquefois en fils doublés & retors, mais en moins haut compte alors; ordinairement en fils fimples, mais très-tors à la mécanique; de vingt-cinq à trente tours. On le prend communément du N°. 20. Les chaînes de vingt-cinq aunes pefent de cinq à fix livres. Les ros ont huit cents, neuf cents & mille broches; trois fils en dent, fur 34 pouces de large, pour revenir, l'étoffe après le blanchiffage, à vingt neuf pouces.

Les armures ci-jointes des piqués font montées en deux mille fept cents fils. La premiere a onze marches & dix lames. On voit que les deux lames qui font en avant contiennent chacune un tiers de la chaîne, & que l'autre tiers eft réparti fur toutes les autres lames, dans une proportion un peu différente au carreau double qu'au carreau simple. Le carreau double a aussi deux marches de plus que l'autre, quoique le nombre des lames soit égal.

Il est à observer, & on le reconnoîtra en examinant attentivement le passer des fils & le marcher de l'étoffe, que le fil fin qui fait l'entoilage paroît seul en dessus, & que le fil gros qui est tout en dessous ne sert qu'à donner de la consistance à l'étoffe, & à faire gonfler le piqué.

Quand les points 'de piqûre sont très-rapprochés, comme au carreau double, il faut un gros fil, beaucoup moins gros qu'au carreau simple.

Voici encore une marche (*Planche 8, Fig. 8*) qui n'a point été publiée, que je sache; & qui, par sa singularité, mérite bien de l'être, autant ici qu'ailleurs. C'est celle au moyen de laquelle on exécute une toile sans lisieres, & des sacs sans fond; n'importe les dimensions & la matiere : *Fig. 8.*

Les o indiquent les lames qui levent : les / celles qui baissent en même temps : les X X, les deux marches servant à faire le fond des sacs; on peut les retirer dès qu'ils font faits. Lorsqu'avec ces deux marches on a ouvré une toile ordinaire, sur la longueur de quatre doigts, & qu'on les a mises de côté, on opere avec les quatre autres marches, suivant l'indication des chiffres. Il n'est important de placer le talon des marches en avant ou en arriere, que relativement à la force ou à la délicatesse de la matiere, au plus ou moins de secousses qu'elle peut essuyer, & auxquelles elle doit résister dans le travail.

La longueur donnée du sac étant faite, on reprend les marches X X, pour fabriquer une nouvelle longueur de quatre doigts de toile simple : on coupe ensuite la toile sur le travers, & dans le milieu de cet espace, pour avoir de part & d'autre un fond de sac sans couture, qu'on retourne en dedans, pour que la toile ne se défile pas, que le tissu ne se défasse pas au service.

Peut-être trouvera-t-on un jour quelque avantage à employer cette marche pour faire des sacs à grains, à farine, ou à ouvrage; ou enfin pour tant d'autres usages intermédiaires. C'est, à quelques changemens près, pour l'agencement des manches, celle qui a servi à fabriquer ces chemises sans coutures, qui ont fait tant de bruit. Je reviens à mon objet.

Du reste, le métier à Velours de coton plein, velvet-ret & cannelé, des satinettes, des piqués, &c. est le même; plus ferme & plus solide que dans la toilerie, parce que les secousses de la fabrication sont plus fortes; mais carré & d'aplomb : la chaîne également parée, très-peu inclinée; celle de fond en dessous, & celle de velouté en dessus, comme aux Velours d'Utrecht, aux pannes; les fers ou verges de même, mais plus fins; les rabots semblables, mais de bonne trempe. L'ensouple du travail également en dessous, armés d'une roue d'entrée en encliquetage; la poitriniere à rainure à jour, pour y passer l'étoffe fabriquée. Les lisses de fil de lin, le peigne ou ros en fer; les chaînes se détendant, s'attirant & s'arrêtant de la même maniere, &c. &c. &c. (*Voyez Planche 7, Fig. 1 & suiv*).

Le premier choix à faire dans les ustensiles, est celui des verges ou fers *gg hh*, ainsi nommées, quoiqu'elles soient en cuivre (*Voyez Planche 5, supplément de la Planche 7*). On en a essayé de beaucoup de pays, d'Angleterre même : on n'a rien trouvé de préférable à celles de Lyon; & c'est de là que plusieurs Manufactures les tirent. Il faut sur-tout éviter l'inégalité de grosseur, qui barre le travail, & lui donne un air cannelé, ce qui est un grand défaut : il faut rejeter de pareilles verges sans hésiter. Les fers à Velours sont généralement arrondis : ils se placent indifféremment; & lorsqu'on frappe les duites, ils se tournent ordinairement d'eux-mêmes, la cannelure en dessus. Ceux au contraire qu'on nomme *à cœur*, se mettent & se tiennent droit sur le champ, parce qu'ils ont de la base : quand les Ouvriers sont bons, ils frappent également, & font une aussi bonne étoffe; mais lorsqu'ils sont négligens, n'étant pas nécessités de frapper autant que dans le premier cas, pour faire tourner la verge, ils approchent moins la duite, & le Velours est trop léger.

Il n'est pas moins essentiel que le couteau *cc dd* soit de bonne trempe, & que l'Ouvrier le tienne bien *en taillant*, pour avoir une tranche égale, vive & nette. Lorsqu'il y a des inégalités un peu sensibles dans la coupure, que le poil est mâché, bourru, ou bavant à ses extrémités, il en résulte une surface inégale, dont le grillage ni aucun apprêt ne garantit jamais parfaitement le Velours. Ce vice résulteroit encore de la verge mal tournée au moment de la coupe, ce à quoi l'Ouvrier doit être très-attentif : il ne doit pas l'être moins à ne laisser courir aucun fil cassé, car le vuide qui en résulteroit formeroit sur la longueur une autre sorte de cannelure qui ne seroit pas moins désagréable.

DES PREMIERS APPRÊTS.

On débute dans les apprêts du Velours, par le bien éplucher d'endroit & d'envers, c'est-à-dire, qu'au sortir du métier on en retire, à la pointe & à la pince, toutes les ordures qui peuvent s'y rencontrer : on le fait débouillir ensuite pendant trois quarts d'heure ou une heure; après avoir jeté une ou plusieurs pieces dans une chaudiere remplie d'eau pure, on les passe sur le moulinet, & on les y tourne & retourne les unes après les autres pendant une demi-heure; on les abat; on leur laisse prendre quelques bouts encore, & on les tire. Pendant l'intervalle du débouilli, il faut prendre garde qu'aucune partie de l'étoffe ne demeure long-temps appuyée contre la chaudiere; elle se rouilliroit : si le dépôt au fond est trop long, elle s'empâte avec la mal-propreté qui s'est répandue dans le bain; l'air & l'eau s'en échappent, & elle se brûle bien-tôt.

Au sortir de la chaudiere, on porte les pieces à la riviere; on les y lave en pleine eau; on les bat à plusieurs reprises, & lorsqu'elles sont bien dégorgées, on les leve sur la planche par feuillets, en les tirant de l'eau proprement & sans y laisser aucun faux pli; car s'il s'en trouve, quoi qu'on y fasse après, il reste toujours des traces de la divergence du poil, que le grillage même ni les autres apprêts ne sauroient effacer entiérement; il en résulte même quelquefois des barres de poils grillés jusqu'à la chaîne. On fait sécher le Velours, & on le dispose au cardage, qui s'opere au moyen d'une table alongée, solidement montée à hauteur d'appui, ayant une rainure à jour à chacune de ses extrémités, & de deux cylindres à encliquetage, placés au dessous de ces rainures, qui bandent fortement l'étoffe en l'enroulant de l'un sur l'autre : alors, à chaque tablée ou longueur d'étoffe tendue sur la table, on passe dessus, appuyant plus ou moins, suivant sa force, d'un bout à l'autre & en sens contraire, une des vieilles cardes qui ont servi à carder le Coton; & lorsque le poil est bien relevé & bien ouvert, on procede à la tonte ou au grillage.

S'il arrive de carder de même le velvet-ret, ce n'est que légérement, & lorsqu'il est fort & très-garni; autrement cette opération se fait, ainsi qu'au cannelé, après la coupe, à l'un & à l'autre, avec une brosse de poil de sanglier. Cette brosse doit être bien fournie & très-forte, d'un certain poids, longue à comprendre la piece sur toute sa largeur, & garnie d'une *douille* en fer, pour mettre un manche de longueur proportionnée , afin que l'Ouvrier puisse aller & venir,& la conduire d'un bout à l'autre de la table.

D'autres placent & fixent la brosse sur le travers & au milieu de la table, le poil en dessus , & au moyen des cylindres ou rouleaux fixés au bout de la table, au dessous de son niveau ; ils font aller & venir la piece , le côté du velouté sur le poil de la brosse. Il faut alors que les soies de la brosse soient très-fermes, pour ne pas ployer sous l'effort de la piece : on augmente leur force , ou plutôt on concourt à leur résistance , en donnant au plan que forment les pointes de ces soies, une forme à peu près quart-circulaire.

Au lieu de carde ou de brosse, on se sert aussi de la peau de chien de mer ; elle altere moins l'étoffe , ne la frottant bien fort qu'à la superficie.

Le découpage du velvet-ret & du cannelé se fait sur la longueur de la piece après sa fabrication , sur un métier à part, de la même maniere qu'on découpe les Velours de gueux en Beaujolois depuis plus d'un siecle. Ce n'est plus une seconde chaîne, comme au Velours plein , qui en fait le velouté ; mais une partie de la trame. Ce nouveau métier est un cadre alongé , soutenu de traverses & de piliers , qui ressemble beaucoup au pied solide d'une table longue & étroite (*Voyez Planche* 11 , *Fig.* 1 *&* 2). Les couteaux font faits à peu près de même que ceux qui servent à découper le Velours de gueux , mais plus minces , plus fins , & d'une beaucoup meilleure trempe : ils font en outre armés d'une pointe de fer , qu'on nomme *le guide* , & qui s'enchâsse au bout du couteau , & s'en retire à volonté ; elle entre dans la cannelure, précede & guide en effet le tranchant.

Ces petits outils se tirent encore en grande partie d'Angleterre , quoiqu'on commence à les fabriquer passablement en France : ils demandent une grande perfection , & il n'est pas moins important que la main de l'Ouvrier qui s'en sert soit très-exercée dans ce genre de travail.

De la tonte ou grillage du Velours de coton.

L'arrangement des fibres de la soie est tel , qu'elle réfléchit toujours les couleurs avec éclat , par un lustre qui lui est naturel. Le poil de chevre a aussi cette propriété ; ainsi les Velours de soie, ni les Velours d'Utrecht n'ont besoin d'aucun apprêt particulier pour cet effet. On tond cependant aux forces , comme les draps , les pannes ou peluches en poil, & celles en laines ; mais le poil y est plus rare , & par plus d'égalité de hauteur on réunit mieux ses extrémités sur le même plan. Les pannes fines & serrées font celles qui en ont le moins de besoin : la laine n'a pas de lustre , mais elle a des pores très-ouverts , & elle absorbe une si grande quantité de parties colorantes, qu'elle les réfléchit avec beaucoup de vivacité ; sa couleur , quoique d'un reflet mat , est plus nourrie , toutes choses égales d'ailleurs , que celle appliquée sur aucune autre matiere.

Le Coton n'a quelques-unes de ces propriétés que dans un degré très-inférieur , & il est absolument privé des autres ; il ne se coupe jamais net d'ailleurs ; les pointes en font toujours mousseuses , & elles filandrent fort inégalement : le poil est si épais ou si dense, que les *forces* n'y auroient point de prise ; & quand même elles pourroient pincer ses extrémités , elles ne remédieroient pas à l'inconvénient du *rabot* , qui sera celui de tout outil tranchant sur un fil quelconque de matiere végétale. Il faut cependant former de toutes ces pointes une surface telle que , coupées net & à même hauteur , elle s'émoussent ou s'épanouissent sur le même plan :

ce n'est que par la réunion de ces fibres émoussées sur une surface plane , que le Velours peut conserver cette même réunion dans tous les mouvemens & dans toutes les attitudes que sa souplesse lui permet de prendre ; ce n'est qu'ainsi qu'il fait également sentir du moelleux sous la main , & qu'il acquiert la plus grande disposition à réfléchir les rayons de lumiere qui le colorent.

On s'est apperçu qu'on obtenoit une scission nette , en brûlant un fil de matiere végétale , & l'on voit tous les jours faire usage de ce moyen, pour enfiler plus aisément une aiguille ; on en a brûlé plusieurs retors ou réunis ensemble de différens genres & especes , il en a toujours résulté le même effet. On a vu en outre, que l'état d'inflammation ou d'incandescence se terminoit très-promptement sur cette matiere , en laissant après lui une terre seche , rude , vitrifiable , & quelquefois même vitrifiée. Le fil de matiere animale s'enflamme au contraire , & brûle rapidement : il donne une odeur empireumatique , & laisse une matiere charbonneuse , qu'on retrouve un peu grasse au tact : ces moyens servent quelquefois à fixer des idées incertaines sur la nature d'une matiere filée ou non filée, employée en étoffe ou autrement.

Il est sensible qu'on aura été conduit par cette analogie pour raser le Velours de coton ; mais il est vraisemblable qu'on a tenté plusieurs moyens pour y parvenir, avant la découverte de celui auquel on s'est fixé, qu'on a depuis appliqué à d'autres objets , & que nous allons décrire. Les trois vues dont on joint ici les desseins du fourneau , ou plutôt du mécanisme du travail sur le fourneau , faciliteront beaucoup l'intelligence de cette opération.

Du Fourneau a bruler , griller ou raser les Velours de coton , & de la maniere de faire cette opération. (*Planche* 9, *Fig.* 1 , 2 *& 3*).

Les chiffres 2 , 3 , 5 , 7 (*Fig.* 1) représentent la face d'un fourneau de trois pieds huit à dix pouces de haut, de sept à huit pouces de largeur en dedans ; le cendrier est très-élevé & toujours ouvert, pour donner passage à l'air qui doit pousser fortement à travers les barreaux : on voit le dedans du fourneau , dont la porte est fermée & en partie brisée. Le mur qui accompagne la façade du fourneau en dessus & par côté , est aussi brisé , pour laisser voir la partie de derriere.

Ce fourneau en briques est alongé en forme de galere , de la longueur d'environ trois pieds & demi, non compris la partie qui est sous le mur de face 4 , ni celle engagée dans le mur de la cheminée 6 , qui est à l'autre bout, au fond du fourneau : il est terminé au sommet par une plaque de fer de fonte 1 , en voûte à plein ceintre , de la longueur de quarante pouces, d'un demi-pouce d'épaisseur , de sept pouces de corde , & de quatre de fleche, l'une & l'autre prise intérieurement.

On chauffe ce fourneau au charbon de terre, les barreaux de fer de dix à douze lignes d'épaisseur , n'en ont que trois au plus d'écartement : ils font appuyés sur la carre dans le plan horizontal, pour que la cendre s'en échappe mieux , & que l'air s'y établisse un courant plus fort. La flamme donne contre la plaque, dont on peut hâter la chaleur, la concentrer & l'étendre en même temps plus également, en la recouvrant d'une autre plaque moins épaisse, qu'on souleve de temps en temps, pour juger au coup d'œil du degré de chaleur, & qu'on ôte entiérement lorsqu'on veut opérer.

Mais on s'est apperçu que la premiere plaque perdoit bien-tôt son poli, & qu'en un an, en travaillant journellement , elle devenoit hors de fervice. La chaleur ainfi concentrée, dilate, défunit ou met en fufion les parties mal combinées du fer, fouvent encore empreintes de matieres vitrifiables, qui y font reftées à la fonte, & qui lui donnent quelquefois tant d'aigreur : on a abandonné cette pratique ; & la plaque, en travaillant auffi fréquemment, dure cinq & fix ans, autant de temps enfin que fa forme & fon poli fe confervent ; car fon épaiffeur, plus ou moins grande, eft affez indifférente.

On a tenté de garnir les parois intérieurs du fourneau en plaques fort épaiffes de fer de fonte : quoique beaucoup plus épaiffes que la plaque ceintrée qui eft en deffus, elles s'échauffoient avec tant de violence par la privation d'un air libre, qu'elles fe trouvoient minées, rongées en peu de temps, qu'elles tomboient même en fufion, & que la matiere couloit quelquefois à en effrayer les Ouvriers. Il a fallu revenir à la brique, quelle que fujette à réparation qu'elle foit ; des morceaux de tuiles feroient meilleurs, employés avec une argile fort mêlée de terre très-calcaire. Pour le dehors du fourneau, on n'a trouvé rien de mieux qu'un bon torchis d'argile & de bourre.

Nous voici au moment d'opérer & de faire choix du degré de chaleur de la plaque, entre le paffage du cerife brun au vif, ou du cerife vif au blanc. Nous croyons le dernier préférable, en ce qu'en agiffant précipitamment, on opere plus également : on peut craindre alors de brûler ; mais on fait toucher le Velours en une moindre quantité de points de fa furface, fur trois à quatre doigts de large feulement.

Cette difpofition le rapproche plus de la tangente ; il y a peu de preffion, peu de frottement ; & il feroit dangereux de vouloir l'augmenter en appuyant en avant avec la main, on feroit une tonte très-inégale. Il vaut mieux, penfent quelques perfonnes, faire le grillage lorfque la plaque n'eft pas d'une chaleur fi ardente, & y faire appuyer le Velours fur une partie de cinq à fix pouces de fa circonférence. En deux ou trois *paffes* au plus, l'opération eft faite, il y a plus de frottement ; on ne va pas auffi vite, & il y a moins de rifque de brûler. Ainfi les uns pouffent la chaleur de la plaque prefque jufqu'au blanc ; les autres chauffent un peu moins cette plaque.

En fuppofant fa chaleur au plus haut degré, comme en ufe le fieur Alix, on paffe la piece deffus avec célérité quatre fois de fuite, deux fois aller & venir : on la leve promptement, & on l'évente auffi-tôt ; on la carde une feconde fois, plus légèrement que la premiere, & on la grille plus rapidement encore que la premiere fois. Avec quelque viteffe qu'on opere, fuivant le degré de chaleur ou de l'état de la piece, il faut que ce foit toujours très-également, dans le même grillage, d'un bout de la piece à l'autre : l'inégalité de la marche, dans cette opération, en laifferoit toujours de remarquables dans fes effets.

pppp (*voyez auffi les Fig. 2 & 3 de la même planche*), quatre piliers dans lefquels font enclavés les foutiens des treuils, *ttt*, mus par [des manivelles *mm*. Les piliers *pppp* fupportent des rouleaux *r*, placés à des hauteurs différentes. Lorfqu'on veut brûler ou rafer une piece de Velours, on la roule fur l'un des treuils *t* ; on en paffe le bout fur l'un des rouleaux *r* ; on l'étend fur la plaque *l* ; de là fur l'un des rouleaux *r* placés de l'autre côté, & enfin fur l'autre treuil *t*. En tournant celui-ci, on amene la piece *vvv* qui, paffant fur la plaque, s'y grille en même temps qu'elle fe déroule de deffus le premier treuil : on la ramene de la même maniere, en la faifant paffer, dans le fens contraire, une feconde fois fur la plaque.

Le Velours de coton doit être débouilli avant l'opération du grillage ; dégagé de fa gomme, le poil en eft plus divifé, il fe rafe mieux & plus également. C'eft pour produire le même effet, qu'on releve le poil avec une broffe : c'eft auffi pour cette raifon qu'on met des barres de traverfes *bb* entre les poteaux PPP, de chaque côté de la plaque, lefquelles font ftriées à plufieurs cannelures profondes, & terminées en arrêtes ; elles relevent le poil d'une part, & de l'autre elles le nettoient du réfidu de la brûlure qui y eft adhérent ; & dans le retour, elles font chacune l'office contraire.

Lorfqu'on veut que l'étoffe touche la plaque en un plus grand nombre de points, on la paffe au deffous de l'un des rouleaux *r*, plus bas que celui où on l'avoit placée : on fufpend un poids au bout du treuil chargé de la piece, afin que ce furplus de réfiftance, en attirant la piece, la faffe tenir toujours bien tendue, & l'on change ce poids quand la piece a paffé de l'autre côté. Il n'en faut pas moins que l'opération fe faffe avec une grande célérité, pour ne pas brûler, & avec beaucoup d'égalité, pour ne pas griller plus des parties les unes que les autres : fi l'étoffe pofoit un inftant, fans mouvement, fur la plaque rouge, elle feroit brûlée jufqu'à la chaîne ; cependant on peut voir, fans crainte, lorfqu'on paffe de fuite l'étoffe fur la plaque rouge, s'élever au travers une fumée épaiffe mêlée d'étincelles & de flamme.

Pour la facilité de griller l'étoffe d'un bout à l'autre, on enveloppe les treuils d'une groffe toile ou ferpilliere, & l'on en attache les bouts avec ceux de la piece d'étoffe à griller, avec une longue & mince aiguille de fer qui y refte entrelacée pendant l'opération. Le premier treuil ainfi garni, & l'étoffe roulée deffus, on amene le bout de la ferpilliere de l'autre treuil jufqu'auprès du premier ; en le faifant paffer pardeffus la plaque, & on les réunit là l'un à l'autre. Si la toile appuyoit fur la plaque, pendant cet efpace de temps, on la verroit flamber & fe brûler bien vite ; elle eft fupportée par la tringle d'en-bas d'un cadre de quatre tringles femblables de fer, qui eft fufpendu au deffus de la plaque dans fa longueur, à une poulie fixée à une barre de traverfe qui pofe fur le haut de la charpente. A l'inftant qu'on veut commencer le grillage, un Ouvrier lâche la corde qui foutient le cadre de fer en l'air ; la tringle d'en-bas coule le long de la plaque, & refte abaiffée fur le côté du fourneau ; la toile appuie fur la plaque ; l'autre Ouvrier tourne la manivelle ; on y voit paffer l'étoffe fucceffivement d'un bout à l'autre ; on retire la corde, lorfque l'autre toile reparoît fur la plaque, le cadre s'éleve, & on la foutient ainfi élevée, à moins qu'on ne ramene de fuite l'étoffe, pour la regriller en fens contraire. Toutes ces opérations doivent fe faire fans la moindre interruption.

Après les premiers grillages, on paffe l'étoffe au bouillon, fur le moulinet, dans une chaudiere, comme fi on garançoit, mais en tournant plus vîte ; on la lave en riviere, & on l'étend fur le pré pendant deux jours ; c'eft le temps de la leffive ; on y affujettit les Velours, trois, quatre à cinq fois en quinze jours, les lavant bien chaque fois, & les tenant d'ailleurs continuellement étendus fur le pré : on les mouille bien dans les intervalles, en riviere ou dans un baquet, en les tirant à menu, & les levant toujours, avec l'attention d'éviter les faux plis.

Les leffives fe font avec la potaffe blanche, à raifon de demi-livre par piece d'étoffe de vingt-quatre aunes. Quand on a beaucoup de pieces, & qu'on les leffive de fuite, on fe fert du bain précédent,

cédent, & l'on économise sur la potasse. On lessive toujours les pieces les plus avancées, les plus blanches, les premieres, pour que la mal-propreté du bain ne les ternisse pas. Au bout de quinze jours, plus ou moins, lorsque l'étoffe a le degré de blanc qui la rend propre à être mise en teinture, on la place sur la table à carder, & on la passe à la peau de chien de mer. Cette peau de chien est attachée sur une piece de bois arrondie en dessus, pour qu'elle ne tombe pas d'aplomb, & qu'elle n'écrase pas le poil, qu'on en frotte d'un bout à l'autre, comme à l'opération de la carde : on releve en-suite à la brosse de sanglier tous ceux que l'opé-ration du blanchissage a fait ressortir, & l'on passe à un nouveau grillage, pour lequel il ne faut pas que la plaque soit moins chaude, ni que le travail soit moins rapide qu'aux précédens. On va & vient ainsi, également quatre fois en tout. Ce dernier grillage ne doit se donner que lorsque la piece est le plus avancée au blanc, afin que le ve-louté reste le plus net possible. L'étoffe est remise sur le pré, pour enlever le noir qu'il lui a commu-niqué; & en huit à dix jours on peut la teindre. De la fabrication à la teinture il faut de vingt-cinq à trente jours, en supposant que les opérations soient suivies sans interruption, & que le temps soit favorable.

Les Velours de coton grillés sont considérable-ment roussis : la brosse ne détruit pas ces indices de brûlure ; c'est l'ouvrage du pré & des lessives qui les décruent & les blanchissent : moins le Ve-lours est plein & garni de poil, plus il y a de ménagement à prendre au grillage, soit dans le degré de chaleur de la plaque, soit dans le nombre des passages de l'étoffe sur cette même plaque. Il n'est question que de brûler & de raser le poil du velouté : plus il est dense, plus il faut que l'im-pression de la chaleur soit forte sur cette partie; mais de telle maniere néanmoins, que la chaine de fond, ni la trame, le tissu enfin, n'en soient jamais atteints ; la moindre altération dans ces parties endommageroit l'étoffe sans ressource.

A l'égard des couleurs qui se donnent par beau-coup de travail & à plusieurs fois, telles que les noirs & les mordorés, indépendamment des premiers grillages, on leur en donne encore un plus léger, dans l'intervalle des opérations de la teinture, ayant toujours attention de brosser avant & après le gril-lage, pour le plus grand succès des unes & des autres opérations; non après un dernier grillage fait sur une piece teinte, ou pour rester en blanc : ce seroit faire encore ressortir du poil ; ce qu'il faut éviter. On s'en tient alors à laver l'étoffe ; un Velours noir terminé par un léger grillage & quel-ques jours de pré ensuite, s'épanouit, le poil se divise, il acquiert de la douceur, du moëlleux : la couleur en est plus nette, plus brillante.

On ne grille jamais sur aucune couleur que le roux du grillage pourroit ternir ; il faut au con-traire que la blancheur de l'étoffe soit proportionnée à la légéreté de la couleur, à la clarté & à la viva-cité de la nuance qu'on se propose de lui donner; mais on grille les chinés noir & blanc, les poi-vresels ou sablés, faits d'un fil blanc & d'un fil noir tors ensemble.

DE LA TEINTURE DES COTONS, DES VELOURS DE COTON,
& des autres étoffes de cette matiere.

La seve qui circule dans les plantes & leur donne la vie, s'y desséche & durcit, lorsqu'elle est inter-ceptée. Ce suc gommo-résineux, dont tous les végé-taux sont imprégnés, s'oppose à l'adhérence des parties colorantes, comme le suin, ou le suc adi-peux des animaux, sur toutes les matieres à teindre; il les en faut également purger.

Du dégommage ou débouilli des matieres à teindre.

Mettez la matiere dans une chaudiere, avec une quantité d'eau suffisante pour qu'elle y submerge; faites bouillir pendant une heure; tirez du bain; mettez égoutter : lavez à la riviere : tordez, & faites sécher. Le Velours, comme toute autre étoffe éga-lement fabriquée en écru, se met en piece dans la chaudiere ; on le bat fortement à la riviere, pour en faciliter le dégorgeage ; on le lise de nouveau sur la planche, &, plié par feuillet, on en ex-prime bien l'eau au moyen du rouleau. Le Coton filé se tord à la cheville. Lorsqu'on veut teindre la matiere en bleu, il le faut faire immédiatement après cette compression, & toujours avant qu'elle soit seche, autrement la teinture pénétreroit mal, plus ou moins par places ; la couleur seroit inégale & tachée. Si le temps ne permettoit pas de teindre aussi-tôt après le lavage, il faudroit remouiller, & presser ou tordre, pour y procéder.

DISSOLUTIONS ET DÉCOCTIONS PRÉPARATOIRES.
Du Bain de galle, & de l'Engallage.

Mettez de la galle, à raison de quatre onces par livre d'étoffe, dans une quantité d'eau suffisante, pour que la matiere à teindre y puisse submerger après la cuisson.

Il ne faut concasser la galle que lorsqu'il est question de teindre en noir. On courroit risque en général, que le dépôt qui s'en fait, ne tachât. Le placage qui peut résulter du concassement n'est point un inconvénient pour le noir, & en seroit un très-grand pour toute autre couleur. Il n'est question, pour tirer également toute la substance de la galle, que de la faire bouillir trois heures de plus, au lieu de deux.

Coulez le bain dans un baquet ; abattez-y la matiere ; travaillez-la vite, de suite & également ; rangez-la au fond du baquet, & laissez-la reposer dans le bain pendant vingt-quatre heures.

Le Velours de coton se lise dans le bain, se leve sur la planche, & s'abat à plusieurs fois, avant de l'arranger à demeure. Il faut être attentif à obser-ver qu'aucune partie de la piece ne surnage le bain de galle. Il se feroit inévitablement des taches dans ces endroits, & elles seroient ineffaçables, à moins que l'étoffe ne fût mise d'une couleur en une couleur plus foncée, & quelquefois poussée jusqu'au noir. C'est souvent de ces répétitions de teintures, de ces accroissemens successifs de nuances & variétés de couleurs, que les étoffes en noir sont brûlées. Quand on retire le Velours de l'engallage au bout de vingt-quatre heures, on le releve sur la planche également plié par pli ; on le presse fortement avec les mains & au moyen du rouleau, pour en exprimer le bain ; on met la piece debout, pour qu'elle s'égoutte ; & enfin à la rame ou aux perches, pour qu'elle seche, obser-vant de la rechanger, pour que l'excédent du bain qui se porte en en-bas en dégouttant, n'y dépose pas en plus grande quantité qu'ailleurs de ses molé-cules astringentes, ce qui seroit un engallage inégal, & tacheroit en teinture.

Lorsque les pieces sont seches, ce qui arrive souvent avant l'engallage, il faut, après les avoir lisé dans le bain, les battre sur la planche, pour qu'elles s'en pénetrent par-tout également.

Dans les grandes fabriques de Velours de coton, au lieu de mettre les étoffes pour le séchage, à des rames ordinaires, où elles sont étendues de champ, on a deux especes de corps de rames, placées aussi verticalement à peu de distance l'un de l'autre, & réunis par de petits rouleaux ou cylindres tour-

nans fur leur axe. Ces rouleaux font eux-mêmes
peu diftans les uns des autres; ils forment enfemble
un plan horizontal entre les deux corps de rames,
& de la même longueur au moins que doit être
celle des pieces de Velours. On étend la piece fur
cette fuite de rouleaux : on y accroche aux deux
bouts des regles ou *verdillons*, auxquels on fufpend
des poids ; & la piece fe feche ainfi pofée horizontalement & bien étendue. On a une fuite de
plans pofés ainfi les uns au deffus des autres dans
le même encadrement, pouvant tous également
être garnis de pieces ; & c'eft ce qu'on appelle
l'*étendoir* de la fécherie.

Il faut préferver la matiere engallée de l'attouchement de tout corps étranger, de l'eau pure
même ; elle en refteroit tachée. Ce fort engallage
eft néceffaire pour les rouges & les autres hautes
nuances qui en dérivent, telles que celles dont le
procédé eft décrit à la fuite de celui du rouge ; il
eft auffi très-néceffaire pour les noirs : mais on peut
gagner fur la matiere & fur le temps, dans toutes
les baffes couleurs qui font fufceptibles de cette
opération ; on profite même des déchets de bain
de galle dans certaines circonftances.

Si l'engallage fe fait à deffein de former une nuance
claire, il faut que l'engallage foit très-léger, parce
que la galle porte au rouge, & brunit la matiere.
Si l'étoffe a un premier pied de couleur, il faut
avoir égard à fon degré de tenacité, & engaller
moins chaud en conféquence, à froid même, s'il
eft néceffaire.

Les déchets des bains de galle fe confervent pour
un fecond ou un troifieme engallage, lorfqu'il eft
queftion d'augmenter par degré l'intenfité de la couleur, ou de la pouffer à des nuances plus rem-
brunies. Ces nouveaux pieds fe mettent moins
chauds, & même à froid, au lieu que le premier
doit être très-chaud, comme on l'a indiqué ; alors,
fi l'on ne peut y tenir la main, on rabat, & on
life au tourniquet ; & en quelques tours d'aller &
de venir, on acheve cette opération.

A l'égard du noir qu'on peut engaller très-
chaud avant la teinture, c'eft-à-dire, en bleu,
ou au fortir du bleu, il faut que le bain foit plutôt froid même que tiede, lorfque l'étoffe a reçu
la moindre teinte de noir ; parce que fa chaleur
alors le fait tourner au moment qu'on y plonge
l'étoffe ; le noir, quelque bien lavé qu'il foit,
fe décompofant en partie. La noix de galle eft une
fubftance très-aftringente, & qui a beaucoup d'af-
finité avec le fer : par-tout où elle le trouve en
nature, tel qu'il eft dans le bain de la tonne de
noir, & dans la couperofe, elle l'attire fortement :
il en réfulte la décompofition du corps qui le contient, & un précipité fubit. Comme le précipité
s'opere par l'intermede de la galle & fur fa
fubftance même, lorfqu'elle s'eft établie dans les
pores de l'étoffe, elle y introduit & y fixe les
particules ferrugineufes qui la colorent : d'où l'on
voit la néceffité de l'engallage ; puifque le noir
n'eft qu'un précipité du fer par la galle. Mais fi la
fubftance de la galle, non encore fixée, & répandue dans le bain, y rencontre des molécules de
fer, éparfes & nageantes, foit par la chaleur du
bain, foit par un lavage imparfait de l'étoffe teinte,
elles s'uniffent alors rapidement ; toute la fubftance
de la galle fe fature de fer, & elles fe précipitent
enfemble au fond du vafe. Le bain fe noircit : &
entiérement dépourvu du principe aftringent, il
refte fans effet.

Il eft des Teinturiers qui rejettent le marc d'un
ancien bain de galle dans un nouveau, efpérant de
tirer encore quelque fubftance de celui-là au profit
de celui-ci ; c'eft une erreur : lorfque la galle eft
fuffifament cuite, ce qui fe reconnoît à la facilité
avec laquelle elle s'étend & fe réduit en pâte
fous les doigts, tout le fuc effentiel en eft extrait ;
& ce marc, loin de fortifier le nouveau bain,
l'affoiblit, en repompant de nouveaux fucs.

La meilleure noix de galle eft celle d'Alep, qui
fe reconnoit aifément au poids plus confidérable,
& à la couleur plus noire que le poids & la couleur d'aucune autre.

De la diffolution de l'alun, & de l'alunage.

Le bain d'alunage fe fait comme le précédent,
à raifon de quatre onces d'alun par livre de matiere à aluner ; on y traite l'étoffe de la même
maniere & durant autant de temps, avec cette différence, qu'il fuffit pour l'emploi que l'alun foit diffous, & qu'il convient que l'eau ne foit pas plus
que tiede : il n'en feroit que mieux même qu'elle
fût froide : les couleurs n'en font que plus vives ;
la chaleur du bain dans l'alun les ternit. La fuite du
procédé differe encore, en ce que l'étoffe, au fortir
du bain d'alun, doit être dégorgée, battue & lavée
au courant d'une riviere. On la peut teindre à l'inftant, mouillée, fuivant les couleurs.

L'ufage des vafes de métal doit être profcrit,
lorfqu'il y a dépôt ou refroidiffement de matiere,
parce qu'ils fe corrodent plus ou moins, mais fin-
guliérement dans l'opération de l'alunage, par l'aci-
dité de l'alun. La nuance en feroit généralement
atteinte, & immanquablement tachée à tous les
points de contact. On doit par la même raifon
donner la plus grande attention à la propreté des
baquets, qui doivent être le moins poffible imprégnés
d'aucune couleur qui pourroit fe décharger fur la
matiere en travail. Il eft même mieux que les vafes
qui fervent à aluner & à engaller foient uniquement
deftinés à cet ufage, & qu'ils foient conftruits en
bois blanc, parce que le chêne, & autre bois de
nature aftringente noirciroit le bain, fur-tout s'il
contenoit du fer ou du cuivre en diffolution.

Cependant les baquets dont on fe fert généralement ici, font de châtaigniers, tirés des barriques
à huile ; ou de chêne, tirés des barriques à eau-
de-vie. Quand ils ont fervi quelquefois à tel ou tel
ufage, il eft fans inconvénient de continuer, pourvu
qu'on les tienne propres, & qu'on fe ferve toujours
des mêmes pour les mêmes opérations. Il eft encore
mieux de les enchauxer d'abord, comme je l'ai indiqué ailleurs.

Il faut en teinture préferer toujours l'eau de riviere
à toute autre. L'exception que font quelques Teinturiers en faveur de l'eau de puits pour la décoction des bois, ne peut jamais être très-avantageufe,
& elle peut fouvent être très-nuifible. L'eau de
puits peut beaucoup varier de nature & d'effet,
parce qu'elle varie fouvent par la quantité & la
nature des terres calcaires, féléniteufes, gypfeufes
ou autres, & quelquefois des parties métalliques
qu'elle charrie avec elle. Ces mixtes, plutôt étendus
que diffous, font bien plus atténués, plus divifés, plus dépofés, plus épars, en beaucoup
moins grande quantité enfin dans les eaux de riviere,
que dans toute autre.

De l'Eau de couperofe.

Mettez dans un barril environ foixante pintes
d'eau fur dix à douze livres de vitriol de mars ou
couperofe verte ; remuez fortement avec un bâton ;
laiffez dépofer, pour s'en fervir au befoin. La diffolution du vitriol de mars doit fe faire à l'eau froide,
elle eft moins rouffe ; la chaleur jaunit toujours les
diffolutions d'ingrédiens ferrugineux ; & comme on
a fouvent des gris très-tendres à faire avec cette
diffolution, il faut lui conferver le plus de clarté
qu'il eft poffible. On ne rifque rien de mettre plus

ou moins d'alun, de couperofe, ou autre fel dans l'eau, parce que, lorfqu'elle en eft faturée, il ne s'en diffout plus. Ainfi on peut rejeter de l'eau fur le marc, jufqu'à ce que tout foit diffous : il faut pourtant éviter d'en mettre trop à la fois, pour ne pas faire un auffi grand dépôt terreux & mal-propre.

De l'Eau de vert-de-gris.

Mettez vingt à vingt-cinq pintes d'eau fur une livre de vert-de-gris ; délayez-le bien, en remuant pendant quelque temps ; laiffez dépofer & clarifier pour s'en fervir au befoin : on recrute la matiere en temps, & comme il eft dit à l'article de la couperofe. Il faut également, & pour les mêmes raifons, faire à froid le bain de vert-de-gris, à moins qu'on ne foit très-preffé, car fa diffolution eft longue de cette maniere ; on y procede ordinairement pour le travail d'un temps déterminé, & peu avant de l'employer.

De l'Eau de foude.

Brifez, pilez même la foude, pour en faciliter la diffolution ; leffivez-la en telle quantité & à tel point, que la pefanteur fpécifique d'un œuf de poule foit égal à un volume égal de cette liqueur, ou qu'il y nage librement entre deux eaux : faites-en auffi d'affez forte, pour qu'elle porte l'œuf entiérement ; vous ferez fouvent dans le cas d'en faire ufage.

On fait auffi une leffive de foude, dont on aiguife encore la caufticité par un mélange de chaux vive qu'on fait éteindre fur la foude même, avant d'en charger la cuve, & qu'on nomme *eau des Savonniers*.

On fait encore une forte d'eau de foude, qu'on nomme *eau feconde des Savonniers*, en releffivant les mêmes cendres qui ont fourni la premiere, auxquelles on ajoute une quantité de chaux actuellement éteinte, à peu près égale à celle de la foude. On éprouve toujours ces eaux, pour en proportionner l'emploi à la force. La leffive de cendre gravelée fe fait & s'éprouve de la même maniere.

Du Bain de rocou.

Mettez du rocou dans une chaudiere ; délayez-le bien dans une fuffifante quantité d'eau ; lorfqu'il fera abfolument réduit en pâte liquide, ajoutez-y moitié autant ou un peu plus de potaffe ou de cendre gravelée que de rocou, & autant d'eau qu'il en faut pour bien diffoudre le tout ; faites bouillir pendant une heure ; laiffez dépofer, pour fe fervir du bain clair. Au défaut de potaffe ou de cendre gravelée, on peut employer de la leffive de cendres de bois neuf ; mais il en faut en plus grande quantité, & ne pas faire entrer la cendre dans le bain de rocou, mais la leffive décantée de deffus fon dépôt : l'alkali diffout la matiere réfineufe du rocou, dans laquelle réfide fa partie colorante, & elle donne de l'intenfité à la couleur jaune qu'on en tire ; elle le dore en proportion de la quantité & de la qualité de cet alkali fixe.

Du Bain de bois de Bréfil (1).

On comprend fous cette dénomination, avec le bois de Bréfil, ceux de Fernambouc, de Sainte-Marthe, du Japon, & quelques-autres qui fe confondent affez dans l'emploi, quoique le Fernambouc foit le meilleur.

Mettez dans une chaudiere, fur dix à douze livres de bois haché menu, douze feaux d'eau ; faites bouillir pendant trois heures ; verfez le bain dans une tonne ; remettez douze feaux de nouvelle eau fur le même bois ; faites bouillir encore trois heures ; verfez de nouveau ce bain fur le premier ; laiffez repofer & fermenter au moins douze jours avant de s'en fervir.

Par le féjour & la fermentation du bain, il acquiert beaucoup plus de force, & il en faut moins. Il faut avoir la plus grande attention de ne rien mettre dans la tonne qui en interrompe la fermentation, on courroit rifque de le faire tourner & de le mettre hors d'état de fervir. Le moindre acide, par cette raifon, eft à éviter dans toutes les décoctions de bois ; il détruit d'ailleurs le rouge du bois, en diffolvant les parties qui le colorent ainfi, ce qui le rend propre à obtenir certaines nuances, qui ne font qu'une dégradation de la couleur primitive.

Du Bain de bois d'Inde.

Mettez dans une chaudiere, fur dix livres de bois haché menu, dix à douze feaux d'eau ; faites bouillir trois à quatre heures : on peut fe fervir du bain fur le champ. Mettez fur le même bois moitié d'eau de la premiere fois ; faites de nouveau bouillir pendant trois à quatre heures ; le bain fera prêt, & également bon.

Il n'y a pas de mefure exactement déterminée pour l'eau fur une quantité donnée de bois ; on la détermine fur le plus ou le moins d'effet qu'on veut obtenir, ou l'on emploie une plus grande quantité de bain.

Du Bain de bois jaune.

Mettez, comme aux bains précédens, l'eau & le bois haché menu dans une chaudiere, mais à raifon de huit feaux d'eau pour douze livres de bois ; faites bouillir pendant trois heures ; laiffez dépofer & clarifier, pour s'en fervir au befoin. Ce bain fe conferve long-temps, pourvu qu'on ait l'attention de n'y mêler aucun corps étranger.

Du Bain de gaude.

Mettez douze feaux d'eau par botte de gaude du poids de quinze à feize livres ; ajoutez-y un peu de chaux vive : quand on veut obtenir une nuance un peu dorée, quatre onces de chaux fuffifent pour la totalité du bain ; il n'en faut pas fi l'on ne veut que des jaunes citrons. Faites bouillir pendant trois quarts d'heure ; employez ce bain toujours chaud ; le bain refroidi feroit fujet à tourner, & alors il ne pourroit plus fervir.

DES COULEURS EN BON TEINT.

N°. 1.

DE LA CUVE DE BLEU A FROID.

(*Voyez*, *Planche* 10, *les divers atteliers de Teinture*.)

Mettez de la couperofe verte au fond de la cuve ; verfez de l'eau deffus ; palliez ; mettez de la leffive alkaline ; palliez ; mettez l'indigo broyé ; palliez de nouveau ; ajoutez de la chaux ; palliez enfin la cuve d'heure en heure, jufqu'à ce qu'elle foit venue en couleur ; laiffez repofer vingt-quatre heures ; travaillez deffus : elle eft en état, & fouvent plutôt.

La proportion des drogues à l'eau du bain eft indifférente jufqu'à un certain point ; elle peut être de cinquante à foixante pintes par livre d'indigo.

---

(1) Voir les bains de bois, traités d'une maniere plus étendue dans l'Art de l'impreffion des Etoffes en Laines.

Il n'en est pas de même de celle des drogues entre elles ; la voici.

Indigo broyé.	1 partie.
Vitriol de mars.	2 d°.
Chaux.	2 d°.
Lessive.	1 d°.

La Lessive faite avec deux parties d'alkali & une partie de chaux vive, ou parties égales.

Autre maniere de monter la cuve de Bleu à froid.

Indigo dissous & broyé.	1 partie.
Vitriol de mars dissous.	2 d°.
Chaux éteinte, décantée.	2 d°.

Faites dissoudre la couperose dans l'eau ; laissez déposer, & décantez ; faites également dissoudre la chaux à part dans l'eau ; laissez aussi déposer les parties les plus grossieres, & décantez ; mêlez ces deux eaux ensemble, & versez le tout à la fois sur l'indigo dissous dans la lessive des Savonniers, broyé ensuite, & mis au fond de la cuve vuide ; il suffit de la lessive qui a servi à triturer & diviser l'indigo : remplissez la cuve d'eau pure, & palliez-la d'heure en heure, jusqu'à ce qu'elle soit venue en couleur.

L'indigo doit être le plus divisé possible ; d'abord parce qu'il ne se divise plus dans la cuve, & que ses parties ne peuvent s'étendre, pour s'incorporer à la matiere, qu'à proportion de leur ténuité ; moins divisé, il fournit moins de particules colorantes ; elles sont plus entraînées par la gravitation ; il en nage moins dans le fluide, & celles qu'absorbe la matiere, conservent plus de tendance à s'en échapper.

On fait bien de laver l'indigo à l'eau bouillante avant de le broyer, pour en détacher les ordures qui y adherent, & non dans l'idée d'en faciliter la division, qui ne s'opere pas plus vite, de la faire sur le champ à chaud ou à froid, ni même avec de la lessive alkaline. La méthode de conserver l'eau dessus, & par préférence de cette lessive, dans le vase où on le broye ; de laisser déposer & décanter, de rebroyer, reverser de l'eau, laisser encore déposer & décanter de nouveau, & ainsi de suite jusqu'à la fin, est très-bonne : mais comme il est fort difficile d'obtenir une division bien parfaite de l'indigo par la seule trituration, quelque moyen qu'on ait encore imaginé pour y parvenir, il est mieux de ne l'employer qu'après avoir laissé tremper pendant plusieurs jours, & même beaucoup de jours, si l'on veut, l'indigo dans de la lessive des Savonniers que l'œuf surnage entiérement ; il s'amollit & se résout en pâte sous les doigts : on le triture alors dans la même lessive, & sans beaucoup de peine on arrive ainsi à son but.

Dans le premier cas, ce n'est qu'à force de patience, & non sans adresse, que les mécaniques inventées jusqu'ici pour broyer l'indigo, & la force même qu'on y emploie, ne font pas des moyens insuffisans. Pour la premiere cuve, on brise un peu la couperose, afin d'en hâter la dissolution, & il faut éteindre actuellement la chaux vive en la trempant dans l'eau, & la jeter dans la cuve au moment que, toutes ses parties se désunissant bien, l'évaporation de l'eau est encore marquée par une fumée très-sensible ; plus tôt, elle n'acheveroit pas de s'éteindre, & elle déposeroit un sédiment graveleux ; plus tard, elle auroit perdu de son action, & elle produiroit un effet plus lent.

On éviteroit bien de l'embarras & même de grands inconvéniens par la seconde méthode, si les corps adhérens n'augmentoient pas l'action des sels dissous ; les dépôts de la couperose & de la chaux, qui forment ce qu'on nomme *la pâtée*, absorbent une partie des molécules colorantes ; ils gênent dans le travail, & troublent le bain fort aisément. Mais sans la pâtée, une cuve ne peut subsister long-temps ; c'est la pâtée qui la nourrit, qui lui fait pousser l'indigo, & qui entretient sa vigueur. Sans pâtée, elle n'a que les premiers momens ; elle devient bien-tôt foible, languissante, & elle ne se rétablit plus qu'à force d'indigo. A l'égard de la garance, les uns l'emploient, & croient y voir qu'elle donne au bleu une nuance plus cuivrée ; d'autres ne l'emploient point, & tous peuvent très-bien s'en passer.

On emploie la soude ou la potasse indifféremment : cependant la potasse a l'avantage d'avancer le travail ; elle se dissout plus promptement que la soude, & même que la cendre gravelée, qu'on emploie aussi quelquefois. On peut, au défaut de l'un de l'autre, employer indifféremment de ces trois sortes d'alkalis, mais avec des doses proportionnées à leur activité. Celle de la soude est plus grande que celle de la cendre gravelée, & celle de la cendre gravelée plus que celle de la potasse ; ceci pris en général, car souvent la potasse, quand elle n'est pas falsifiée, ce qui est fréquent à son égard, est plus forte que la cendre gravelée.

Les signes certains du bon état d'une cuve, sont un beau vert en dedans, une pellicule cuivrée à sa surface, & lorsqu'on la pallie, une fleurée abondante, verte d'abord, & ensuite du beau bleu cuivré par parties.

La cuve à froid donne le bleu le plus net & le plus vif ; d'où il arrive qu'on s'en sert toujours pour les étoffes à teindre & garder dans cette couleur : c'est aussi la plus facile à monter, celle qui coute le moins, qui vient le plutôt, & qu'on manque rarement.

Lorsque la cuve s'affoiblit par le travail, ce qui se reconnoît au peu de fleurée qu'elle donne en la palliant, & à la couleur pâle du bain, on la ranime en lui donnant un brevet de couperose, de chaux & de lessive, en dose du cinquieme ou du sixieme de chaque espece de la premiere fois. A l'égard du vitriol & de la chaux, faites encore bouillir le premier, & décantez l'un & l'autre.

On ne doit guere recharger une cuve à froid de nouvel indigo : l'indigo ne rend plus, à beaucoup près autant que la premiere fois, & la nuance n'est jamais aussi vive. A mesure qu'une cuve travaille & s'affoiblit, elle donne des nuances plus claires ; cependant, pour avoir des nuances claires & vives, il vaut mieux monter une cuve avec une petite quantité d'indigo.

Du Bleu à froid.

Le bain clair & la champagne posée, abatez promptement l'étoffe dans la cuve pli par pli ; relevez-la de même sur la planche ; éventez-la, pour que la couleur remonte ; rabattez-la doucement & également après l'effet de l'évent, pour juger mieux de la nuance, en rester le maître, & rendre la couleur égale ; travaillez ainsi jusqu'à conformité de l'échantillon ; tordez ou pressez bien sur la cuve, pour que le bain retombe dedans ; étendez l'étoffe sur le champ au grand air, pour la faire éventer ; lavez-la bien en eau claire & courante.

Passez ensuite l'étoffe dans un bain d'eau bouillante, où l'on a fait dissoudre de la crème de tartre à raison d'une once par livre de matiere, ou dans un bain d'eau tiede, dans lequel on a étendu un peu d'acide vitriolique ; lavez bien au sortir de ce bain, & faites sécher à l'ombre. D'autres Teinturiers pensent qu'il est avantageux d'avoir plusieurs cuves, & d'y faire passer dessus chaque piece d'étoffe successivement ; ils trouvent qu'il y a à

gagner

gagner pour la folidité & la vivacité de la couleur, & fur l'emploi de l'indigo : ils ne trempent jamais deux fois de fuite l'étoffe dans la même cuve. Il en eft, & mal-à-propos, qui fe gardent de laver l'étoffe au fortir de la cuve à froid, dans l'idée qu'il s'échapperoit en pure perte une portion de la partie réfineufe, colorante, extraite & encore tenue en diffolution par les alkalis; mais ils la lavent feulement lorfqu'elle eft feche. La couleur en conferve plus de nuance, mais elle eft moins vive; on pourroit également la fécher au foleil, quoiqu'on prefcrive de le faire à l'ombre : au contraire, le bleu remonte plutôt en féchant au foleil, & c'eft par la difficulté d'expofer une étoffe de manière que toutes fes parties en foient également frappées, ce qui rendroit fa teinte ondée, vergetée, inégale enfin, qu'on préfere de fécher à l'ombre, où l'évaporation de l'humide eft infenfible & plus égale.

Ces mêmes Teinturiers ne regardent pas le bain acidulé comme fort important, quoique ceux qui l'emploient fondent cette pratique fur ce que la crême de tartre ou l'huile de vitriol purge l'étoffe des matieres calcaires qui font reftées dans fa tiffure, & avive la couleur. On emploie le bain bouillant avec la crême de tartre, parce qu'il fe criftallife en perdant de fa chaleur, au point qu'il feroit entièrement criftallifé quand l'eau feroit froide. L'acide vitriolique doit être affez ménagé, pour que le bain ne produife pas plus d'effet fur la langue, que l'acide végétal ordinaire.

On a déjà obfervé que l'étoffe doit avoir été mouillée & bien abreuvée, avant de la paffer en cuve. La blancheur de l'étoffe eft effentielle, à proportion de la légéreté de la nuance qu'on veut obtenir, & cette remarque a lieu pour toutes les matieres & pour toutes les couleurs. Pour les bleus foncés, la grande blancheur eft moins utile; il faut prendre garde de ne pas pofer la champagne trop bas, lorfqu'il y a de la pâtée dans la cuve, de crainte qu'elle ne trouble le bain.

Autre cuve de bleu à froid, telle qu'on s'en fert, avec fuccés, dans divers atteliers de teinture.

Leffivé.

Un feau & demi de chaux en pierre.
Dix livres de potaffe.
Dix livres de foude.
Etendre la chaux fur le plancher; l'afperger d'eau légérement ; là remuer avec une pelle à mefure qu'elle s'éteint ; répandre deffus, lorfqu'elle eft un peu défaite, la foude & la potaffe; remuer le tout enfemble en arrofant toujours un peu ; mettre la matiere, non encore liquide, dans une petite barrique, & la couler, avec douze à quinze pots d'eau, pendant un jour. Faire tremper trente livres d'indigo cuivré, pendant vingt-quatre heures, avec cette leffive, pour plus de facilité de le divifer ; opérer cette divifion par petites parties, avec des boulets roulans dans une baffine, ou tout autrement, de la leffive ci-deffus, & de l'eau.

Cuve fuppofée de fix pieds de hauteur, fur un carré de quatre pieds & demi de côté.

Remplir d'eau la cuve à fix pouces près des bords; y jeter un feau & demi de chaux non entièrement éteinte; pallier bien avec un rable; verfer dedans l'indigo broyé, la leffive & l'eau qui y ont fervi, en tout vingt-cinq à trente pots ; faire diffoudre fur le feu quarante-cinq livres de vitriol de mars dans une quantité d'eau fuffifante pour qu'il trempe; le verfer dans la cuve, qu'on pallie bien tout au-

tour : la fleurée fe forme déjà, & le bain eft d'un verd jaunâtre ; pallier le lendemain matin & à midi : on peut le furlendemain teindre cent aunes d'étoffe; pallier & laiffer repofer vingt-quatre heures; teindre autres cent aunes, & ainfi de fuite cinq jours confécutivement.

Raviver la cuve alors par la diffolution de dix livres de vitriol de mars, & dix livres de chaux légérement éteinte ; pallier, &, comme ci-devant, teindre vingt-quatre heures après.

Nº. 2.

De la Cuve du Bleu a chaud.

Le mot de cuve défigne autant ici la compofition que le vafe qui la recele. Les cuves à froid fe montent dans des vafes de bois, des tonnes, ou des cuves de ciment. Pour les cuves à chaux, le vafe eft en cuivre ; c'eft une efpece de chaudiere, dont les parois convergent en cône tronqué, & dont la raifon de la hauteur à celle du cône entier eft à peu près de trois à cinq, ce qui détermine celle des diametres ; les rebords en font larges, pour lui fervir de foutien fur une maçonnerie à hauteur d'appui, verticale & cylindrique, qui l'entoure. Comme on travaille dans la cuve, fa hauteur doit être à la main de l'Ouvrier ; le bas s'enterre d'autant, & l'on pave le fol tout autour (*Voyez Planche 11, Fig. 4 & 5.*).

Entre la maçonnerie verticale & la cuve conique, il refte un vuide, dans lequel, par une ouverture pratiquée dans le bas, on met de la braife ou du charbon allumé, pour entretenir la cuve au degré de chaleur convenable. On perce un foupirail au haut de cette efpece de fourneau du côté oppofé à l'ouverture du bas, & l'on y adapte un tuyau, pour établir un courant d'air, & afin que les Ouvriers ne foient pas incommodés des dangereufes exhalaifons du charbon.

La proportion des drogues pour monter cette cuve eft telle.

Premier brevet.

Indigo	6 parties.
Cendre gravelée	6 dº.
Garance	1 dº.
Son	3 dº.

Deuxième brevet pour achever.

Cendre gravelée	2 parties.
Garance	1 quart.

Brevet pour ranimer.

Cendre gravelée	3 parties.
Garance	1 demie.
Son lavé	1 quart.

Brevet pour rechauffer & garnir d'indigo.

Cendre gravelée	6 parties.
Garance	1 dº.
Son	2 dº.
Indigo	4 dº.

En fuppofant donc fix livres d'indigo pour la premiere fois, tout le refte eft déterminé. Faites bouillir pendant un quart-d'heure la cendre gravelée & la *garance* dans une quantité d'eau égale aux deux tiers de ce qu'en peut contenir la cuve; étouffez le feu, & laiffez repofer un peu ce bain dans la chaudiere; verfez-le avec tout fon dépôt

F

de cendre & de garance, fur le fon mis au fond de la cuve vuide; verfez-y en même temps l'indigo broyé, & palliez bien. On trouve encore dans cette pratique des différences eſſentielles, fi l'on broye l'indigo par l'alkali dont on charge moins alors les brevets, defquels on croit pouvoir auffi fans conféquence, comme à la cuve à froid, re-jeter la garance. Ainfi, le premier brevet eft com-pofé, en partie de cendre gravelée, de moitié de celles de l'indigo, & en partie de fon, d'un tiers feulement : le fecond comme le premier : le troifieme, d'un tiers feulement de cendre gravelée : le quatrieme enfin, pour réchauffer & regarnir d'indigo, comme les premier & fecond.

Il faut donc, pour le premier brevet, fur fix parties d'indigo, trois parties de cendre gravelée, deux de fon ; pour le fecond, trois de cendre gra-velée, deux de fon ; pour le troifieme, deux de cendre gravelée, une & un tiers de fon ; pour le quatrieme, trois de cendre gravelée, & deux de fon fur la même quantité d'indigo, ou à peu près, que la premiere fois. On peut auffi faire bouillir la cendre gravelée avec le fon, laiffer dépofer pour décanter, & ne pas mettre le dépôt dans la cuve, qui enfin augmenteroit trop la pâtée.

Mettez du feu dans l'âtre de la cuve, lorfque la chaleur du bain eft baiffée à y pouvoir tenir la main, pour l'entretenir toujours à ce degré ; cou-vrez actuellement la cuve, & attendez que le bain commence à verdir & qu'il teigne un peu ; alors la cuve eft bien difpofée ; palliez pour la hâter : fi elle prend un peu plus de teinte au repos, c'eft une preuve qu'elle commence à venir ; la pellicule luifante & cuivreufe, interrompue ou brifée, qui fe forme enfuite à fa furface, marque qu'elle vient bien ; & lorfque cette pellicule fe fortifie, qu'elle fe rétablit bien-tôt quand on la chaſſe, en foufflant deffus, que le bain prend un vert foncé, & que la fleurée devient abondante en palliant, la cuve eft venue.

Faites le fecond brevet pour achever la cuve, dans autant d'eau qu'il en faut pour achever de la remplir ; & après les mêmes temps & les mêmes circonftances, verfez le tout de la chaudiere dans la cuve, quelques heures après l'avoir palliée ; pal-liez de nouveau ; laiffez repofer. Le bain doit être d'un beau vert en dedans, d'un bleu brun à fa furface ; la pellicule écailleufe & très-cuivrée, & la fleurée abondante : laiffez repofer au moins douze heures : on peut teindre alors, la cuve eft en très-bon état.

Lorfque la cuve eft affoiblie par le travail, il lui faut donner le troifieme brevet, fait dans une quantité d'eau fuffifante pour remplacer le bain évaporé & abforbé par les étoffes qu'on y a teintes ; palliez ; laiffez repofer ; entretenez la chaleur, & teignez.

Pour réchauffer & garnir d'indigo la cuve épui-fée, on rejette dans la chaudiere les deux tiers du bain devenu, de vert qu'il étoit, d'un brun noirâtre ; on y fait le quatrieme brevet, ayant foin de l'écumer lorfqu'il eft prêt à bouillir, pour le purger, autant que cela fe peut, des parties graffes, vifqueufes, ou autres également hétérogenes, échap-pées des étoffes qui y ont été teintes ; verfez ce brevet dans la cuve ; verfez-y en même temps l'indigo broyé & délayé, comme la premiere fois, dans une partie du bain : palliez ; couvrez ; en-tretenez la chaleur, & teignez douze heures après.

Il ne faut pas regarnir bien des fois une cuve ; une ou deux au plus. Dans le premier cas, la pâtée augmente trop par les brevets, & cans l'un & l'autre le bain perd de fa couleur verte ; l'indigo rend moins, & les couleurs qui en fortent font plus ternes : il vaut mieux vuider la cuve & la remonter à

neuf ; on ne donne de vivacité à aucune nuance fur une vieille cuve.

Lorfqu'on ajoute de la garance, il faut avoir l'attention de l'égrapper à la main, en la mettant dans la chaudiere : les uns penfent qu'il eft effentiel de bien laver le fon à plufieurs eaux chaudes, & de le preffer avant de le mettre au fond de la cuve ; d'autres regardent ce lavage comme affez indiffé-rent, fur-tout ceux qui font d'avis de faire bouillir le fon, & de n'en mettre que le bain décanté, lorfque le marc eft en dépôt : ceux-là veulent qu'on entretienne toujours la cuve dans un cer-tain degré de chaleur, qu'on augmente pourtant un peu quelque temps avant de la faire travailler ; & ils foutiennent que fi elle fe refroidit, on court les rifques qu'elle ne *vienne* plus, & qu'elle ne tarde pas alors de paffer à la fermentation putride : ceux-ci trouvent qu'il eft fans inconvénient de laiffer refroidir entièrement une cuve, lorfqu'on doit être un certain nombre de jours de fuite fans s'en fervir, pourvu qu'on la ramene enfuite tout dou-cement au degré de chaleur convenable pour y travailler. Si l'on chauffe trop une cuve, on la retarde indubitablement, & l'on s'expofe à la man-quer. Le degré de chaleur le plus convenable eft de vingt-huit à trente au thermometre de Réaumur ; il faut qu'elle n'excede le trente-cinquieme en aucun cas.

On n'a point affigné de périodes pour les pal-lemens ; ils doivent être déterminés par les circonf-tances ; c'eft tourmenter une cuve & troubler fon effet, que de les trop multiplier ; mais ils font bien indiqués toutes les fois qu'on y ajoute quelque chofe.

Du Bleu à chaud.

La maniere de teindre fur cette cuve, eft la même que celle décrite à l'article de la cuve à froid : on doit prendre les mêmes précautions & fuivre les mêmes pratiques. Si l'on n'a pas l'atten-tion de laver les cotons filés, teints en bleu à chaud, au fortir de la cuve, comme on le doit toujours faire des étoffes, c'eft que le prix de la teinture eft évalué fur la nuance de la couleur, & qu'elle perd toujours au lavage ; ce bleu eft plus terne ou moins vif que celui de la cuve à froid ; auffi ne teint-on guere à chaud de matieres, ou d'étoffes de matieres végétales, pour refter en bleu, à moins que les cotons ou fils ne foient deftinés à être mêlés avec des matieres d'autres couleurs ; encore ne faut-il pas que ce foit avec du blanc, parce qu'il s'en détache au lavage une eau rouffeâtre qui le ternit ; mais il eft très-bon pour les pieds de noir, & pour les matieres à former des échantillons & varier des deffins en plufieurs couleurs, dans la toilerie & la cotonnade.

On vient de dire qu'on doit toujours laver les étoffes au fortir de la cuve, malgré l'obfervation faite au bleu à froid, & même fuivant les *Auteurs* de cette obfervation, d'après le principe qui y eft établi : ils penfent que dans la cuve à chaud, la réfine, tellement unie à la partie colorante extrative, qu'elle femble en faire partie conftituante, fe diffout entièrement ; qu'elle fe fépare des molécules colo-rantes ; que celles-ci extraites & infiniment atté-nuées, s'incorporent dans la matiere à teindre ; que la réfine tenue actuellement en diffolution, fe reproduit enfuite fous une forme concrete, fans retenir que très-peu des parties colorantes ; qu'elle adhere feulement à celles qui s'en font échappées ; qu'elle couvre en partie celles qui fe font logées dans les pores de la matiere ; qu'elle en ternit l'éclat ; & qu'il n'y a de temps convenable d'en purger l'étoffe ou la couleur, que celui où fon état de fluidité le permet. On pourra se fonder sur d'autres principes, & les beaucoup mieux établir & discuter ; mais toujours en faudra-t-il revenir à l'expérience ; & c'est d'après les effets qu'on parle.

Nous avons fait des recherches & quelques expériences relatives à cet objet, comme à bien d'autres. Mais nos occupations sont si variées, nos travaux si multipliés, les temps d'observations si coupés par une vie active, qu'on ne doit pas être étonné de trouver les faits souvent mêlés de conjectures : on ne dispose pas des atteliers à son gré ; ceux de ce genre sur-tout font encore partie de ces antres du mystere dont nous avons déjà parlé. Nous sommes éloignés en conséquence de nous abuser sur le mérite de cet ouvrage, que nous sentons être au dessous de ce qu'il pourroit être, & de ce que nous aurions désiré qu'il fût ; mais, encore une fois, il ne sera pas inutile ; & sans autre motif que cette considération, elle suffit bien pour nous déterminer.

N°. 3.

Du Rouge de Garance.

L'étoffe engallée & alunée, suivant les procédés indiqués, on passe au premier garançage, qui se fait ainsi.

Premier Garançage.

Mettez dans une chaudiere une suffisante quantité d'eau, pour que l'étoffe à teindre y baigne & trempe à l'aise ; égrappez la garance à la main dans cette eau, & mettez-y-en à raison de six onces par livre d'étoffe à teindre, si c'est du Velours plein, & moins à proportion pour les autres, comme on le dira ci-après ; mettez en même temps l'étoffe dans le bain ; poussez le feu par gradation, de maniere que la chaleur augmente pendant deux heures, avant que l'eau bouille ; remuez continuellement l'étoffe dans le bain pendant cet intervalle ; faites bouillir environ un quart d'heure ; levez l'étoffe, éventez-la, lavez-la, & faites-la sécher.

Second Garançage.

Engallez de nouveau l'étoffe dans le déchet ou reste du bain de galle du premier engallage, en procédant de la même matiere, avec cette différence, qu'ici douze heures de dépôt dans ce bain suffisent ; alunez de nouveau également dans le déchet ou reste du bain d'alun ; procédez en tout comme à la premiere fois ; & à l'égard du temps, comme au second engallage, ou douze heures de dépôt dans le bain suffisent ; garancez comme la premiere fois ; même dose de garance, même manipulation, circonstances semblables, & temps égal.

Si l'on veut un beau rouge sur des matieres filées & non tissées, il faut augmenter la dose de la garance, & la porter à livre pour livre de matiere ; l'étoffe prend moins de parties colorantes ; on ne l'emploie qu'à raison de douze onces par livre, sur le poids réduit après les premiers apprêts, & pour chaque espece de Velours indistinctement.

Voici le poids ordinaire de ces étoffes sortant du métier & après les premiers apprêts : les pieces de Velours tirent environ vingt-quatre aunes, & pesent

	sortant du *métier*,	*après les apprêts*,
Le Velours plein	de 17 à 18 liv.	de 14 à 15.
Le velvet-ret	de 14 à 15	de 12 à 13.
Le cannelé	de 12 à 14	de 10 à 11.

Dans l'opération du garançage, les matieres filées se passent aux bâtons par écheveaux, pour être lisées commodément, jusqu'à ce que le bain commence à bouillir, temps auquel on les abat entiérement dans la chaudiere, ayant seulement attention de les remuer & soulever de moment en moment avec un bâton, pour que la garance pénetre bien la matiere, & qu'elle lui donne une teinte égale par-tout.

On se sert d'un tourniquet placé au dessus de la chaudiere pour le garançage des Velours & autres étoffes, qui s'abattent également au bouillon du bain.

L'évent se fait en plein air, au sortir de la chaudiere ; il remonte la couleur : mais il faut que cette opération, qui consiste à étendre l'étoffe ou à la feuilleter à grands plis, si l'espace manque, se fasse avec célérité, pour que la couleur soit bien égale.

En suivant le procédé qu'on vient de lire pour le garançage, j'ai souvent remarqué que la garance, après avoir été aspirée ou absorbée par l'étoffe, s'en échappoit ensuite en partie, soit dans le bain même, en bouillant encore après cette incorporation, soit au lavage en riviere, fait après l'évent & le refroidissement. J'ai aussi remarqué que sa couleur, en bouillant, devenoit quelquefois plutôt éteinte & briquetée, que vive & nourrie, & qu'on ne pouvoit guere ensuite reproduire l'un ou l'autre, ou l'un & l'autre, qu'à l'aide du bois ; & il est si constant que ce n'est pas le bouillon qui fixe en effet la garance, & qu'il en ternit même l'éclat, que si l'on veut avoir un maure-doré nourri, foncé & vif, il n'y a qu'à le garancer chaque fois, à double dose de garance, & ne travailler l'étoffe dans le bain que jusqu'au temps où, le feu poussé, il est prêt à bouillir : mais la dépense seroit presque double.

N°. 4.

Du Maure-doré.

Le rouge de garance porte naturellement au jaune, & tire sur la couleur de brique. Le mauredoré en est une nuance rehaussée, nourrie & avivée. Il n'est donc question, pour obtenir cette couleurci, que d'opérer sur celle-là.

Passez l'étoffe, teinte en rouge de garance, sur un bain composé d'un tiers de lessive de potasse, de cendre gravelée ou de soude. Les alkalis végétaux sont préférables en certaines circonstances, en ce qu'ils contiennent moins de fer, & qu'ils brunissent moins par conséquent. Lavez bien à la riviere, & exprimez l'eau fortement ; alunez à raison d'une once d'alun par livre d'étoffe, dans un bain chaud, dont un tiers soit du bain de bois de Brésil ; travaillez l'étoffe dans ce bain, suivant la pratique de l'alunage, laissez-y la matiere déposée pendant une heure ou deux ; lavez-la bien au sortir du bain d'alun.

Repassez l'étoffe dans un nouveau bain composé d'un tiers d'eau chaude, & de deux tiers du bain du bois de Brésil ; travaillez-la dans ce bain pendant une heure & demie ou deux heures ; relevez-la ; versez dans le même bain de la lessive indiquée ci-dessus ; rabattez-y l'étoffe ; travaillez-la encore pendant un quart-d'heure ; lavez, & faites sécher. Il en est qui mettent l'étoffe sur le champ en alun, dans l'idée que l'alkali fait trop pourprer la garance, & qui n'ajoutent cet alkali qu'au second bain de bois, proportionnément à la nuance qu'on veut obtenir : en effet, l'alkali mord sur la garance, & ce n'est que sur le bois qu'il faut qu'il opere.

Dans les couleurs composées, la nuance tient encore plus de la main de l'Ouvrier que des recettes. Celle-ci, la plus en usage pour les Velours de coton, est difficile à saisir, & rarement bien unie ; il faut sur-tout de l'égalité & de la célérité dans les opérations. On a recommandé l'usage des bains chauds, parce qu'on ne sauroit autrement en extraire la couleur.

N°. 5.

DES MARONS ET BRUNS.

Ces couleurs, ou plutôt ces diverses nuances de la même couleur, sont, de toutes, celles où la sagacité & l'adresse du Teinturier doivent le plus s'exercer : le tâtonnement montre de l'incertitude, & fait douter du succès; d'un autre côté, il est presque impossible de réussir sans tâtonner ; il faudroit bien connoître la qualité de chaque ingrédient, pour en juger l'effet; puis l'influence du degré de chaleur, & celle d'une plus ou moins grande accélération dans les diverses pratiques de manipulation, car tout y concourt. L'impossibilité de rétrograder force donc d'aller à pas lent, pour arriver au but sans le passer ; où y procede de plusieurs manieres: les uns piètent l'étoffe en gris, c'est-à-dire, la foncent après un premier engallage, & avant le premier garançage; d'autres ne la brunissent qu'entre les deux garançages : nous nous en tiendrons à cette derniere pratique, comme la plus sûre pour parvenir à la nuance qu'on désire.

Abattez l'étoffe une fois garancée & bien lavée, dans un bain d'eau chaude, où l'on a mis de la décoction de noix de galle, par gradation ménagée, pour arriver plus sûrement à la nuance qu'on cherche : lisez-la dans ce bain ; relevez-la sur la planche ; rabattez ; travaillez pendant un quart-d'heure ; relevez ; pressez à la main, & laissez égoutter.

Mettez dans un bain d'eau froide de la dissolution de couperose, proportionnément à la quantité de décoction de galle qui est entrée dans le premier bain où a passé l'étoffe; travaillez-la dans ce bain ; lavez-la bien après. Si la nuance n'étoit pas assez foncée, il faudroit repasser l'étoffe dans le bain de galle, & dans celui de couperose, avec les mêmes précautions ; bien laver, & mettre au sec.

C'est le moment de procéder au second garançage, & on le fait par les opérations préparatoires & indiquées.

Avivez cette couleur avec du bois de Brésil, ou de la lessive, telle qu'elle est prescrite pour le rouge de garance à pousser au maure-doré.

Pour avoir une couleur plus nourrie & plus foncée, il faut employer le procédé suivant.

Mettez l'étoffe, au sortir du garançage, dans un bain de deux parties d'eau froide, & d'une du bain de bois de Brésil, auquel on ajoute de l'alun dissous, à raison d'une once par livre de matiere; lisez, relevez, rabattez & travaillez l'étoffe dans le bain pendant une heure ; relevez, lavez bien, pressez à la main, & repassez-la dans un nouveau bain composé d'un tiers d'eau chaude, un tiers de bain de bois de Brésil, & peu de bain de bois d'Inde; relevez l'étoffe sur la planche ; versez un peu de lessive dans le bain, pour aviver la couleur; rabattez, lisez, relevez, & faites sécher. On peut encore éviter beaucoup de manipulation, en ajoutant de la couperose au déchet même du bain de garance, aussi-tôt après le premier garançage, & en y travaillant l'étoffe de suite. Si l'on veut une couleur de puce un peu violetée, il faut y joindre un peu de bois d'Inde au premier ou au second déchet de garance. Dans l'un & l'autre cas, il faut retirer le feu, & ne plus faire bouillir.

Une des raisons déterminantes de brunir entre les deux garançages, plutôt que de *piéter* en gris,

est que l'acide de l'alun, attaquant le précipité qu'a formé la noix de galle, diminue l'intensité de la couleur. Au contraire, dans le passage du bain de galle à celui de couperose, il faut, par une assez forte compression à la main ou au rouleau, extraire la surabondance de la décoction de noix de galle, & la laisser égoutter, afin que le précipité du fer ne soit pas trop fort, qu'il ne fonce pas trop, qu'il ne tache ni ne crasse l'étoffe.

A l'égard du bois d'Inde employé dans le dernier bain, comme il brunit beaucoup la couleur, il le faut nécessairement graduer dans la plupart des circonstances.

N°. 6.

DU JAUNE CITRON ET DU JAUNE DORÉ.

Alunez l'étoffe suivant la méthode & la dose indiquées ; laissez-la pendant douze heures dans ce mordant; lavez-la bien ensuite; travaillez l'étoffe dans un bain de cinq parties d'eau chaude, & d'une partie du bain de gaude, jusqu'à ce que les particules colorantes de la gaude qui nagent dans le bain, se soient insinuées dans les pores de la matiere, ou y adherent.

Rejetez ce bain, & passez l'étoffe sur un nouveau, de quatre parties d'eau, & de deux du bain de gaude, auquel on peut ajouter un peu de l'eau du vert-de-gris ; lavez & faites sécher; vous aurez un beau jaune citron, ou jaune clair.

Il est préférable, disent quelques Artistes, d'employer la dissolution du cuivre par l'acide végétal, dans l'alunage même, & cela, pour toutes les nuances de jaune, & sans doute pour toutes les couleurs qui en dérivent.

Pour le jaune foncé ou jaune doré, il faut, après l'alunage, passer & travailler l'étoffe dans un bain de deux parties d'eau chaude, & d'une du bain de bois jaune; achever la couleur avec de la gaude; l'assurer par un bain d'eau chaude, dans lequel on a fait dissoudre un peu de vitriol de Chypre; bien laver l'étoffe, & la mettre au sec.

Suivant la nuance de jaune foncé qu'on veut avoir, on fait cuire le bois jaune avec la gaude, ou l'on emploie le bois jaune seul : les parties colorantes de la gaude, moins foncées & plus citrines que celles du bois jaune, diminuent l'intensité du jaune foncé & doré de celle-ci.

N°. 7.

DE L'OLIVE ORDINAIRE.

Engallez suivant la dose & la pratique connues; mettez en gris, en graduant l'eau de couperose dans son bain sur la nuance de l'échantillon ; lavez bien; travaillez l'étoffe, pendant une demi-heure, dans un bain de quatre parties d'eau chaude, & d'une de bain de gaude; levez, pour ajouter au bain deux nouvelles parties de bain de gaude; travaillez-y une demi-heure; levez encore, & versez dans le même bain de la dissolution de vert-de-gris par partie; travaillez autant de temps; levez, lavez & battez.

Passez l'étoffe sur un nouveau bain, composé en grande partie du bain bouillant de trois livres de bois jaune par piece, cuit avec le déchet de la gaude; travaillez-y pendant une heure & demie ; ajoutez à ce même bain, après une demi-heure de travail, la dissolution de vert-de-gris ; ajoutez-y encore, après une seconde demi-heure, la dissolution à l'eau chaude de six onces d'alun de Rome par piece ; continuez de travailler pendant la derniere demi-heure ; lavez, battez, & faites sécher.

On

On voit que c'est toujours la nuance du pied de gris qui détermine celle de la couleur d'olive ; peut-être que ce pied donné à la couperose & à la chaux, conduiroit plus facilement à la nuance qui doit résulter de l'application de la gaude ou du bois, qu'il assureroit mieux la couleur, & qu'il éviteroit quelque manipulation, en tenant lieu d'une partie des acides, par lesquels on a cru la devoir terminer. Comme le bain de gaude est sujet à tourner à la chaleur, on le fait assez ordinairement au moment de l'emploi, & alors on met à peu près une botte de gaude par pièce d'étoffe, pour la totalité des opérations qui en exigent.

N°. 8.

Du Vert.

Le vert n'est qu'un composé du bleu & du jaune, que les différentes préparations de ces deux couleurs obligent cependant d'appliquer séparément : l'effet qu'on désire n'en résulte pas moins ; mais les particules colorantes en bleu ayant la plus grande adhérence à la matière, & déterminant toujours l'égalité de la couleur & le degré de sa nuance, il convient de les appliquer d'abord. On teint donc la matière de blanc en bleu ; & quand c'est, comme en cette occasion, pour passer successivement à une autre couleur, on appelle cette opération *donner le pied de bleu*, *piéter en bleu* : il n'est donc plus question que de l'application du jaune, d'où procédera le vert.

Travaillez l'étoffe pendant un quart-d'heure, & abattez-la pour rester au moins douze heures dans un bain d'eau chaude, où l'on a fait dissoudre, sur quatre parties d'alun de Rome, une partie de sel de nitre ; travaillez l'étoffe de temps en temps dans l'intervalle de douze heures, pour qu'elle soit également & fortement imprégnée du mordant ; dégorgez & lavez bien en rivière.

Passez l'étoffe dans un bain chaud de huit parties d'eau & d'une partie de bain de gaude ; travaillez-y jusqu'à ce qu'il soit presque décoloré ; levez l'étoffe ; ajoutez au même bain deux nouvelles parties du bain. de gaude ; rabattez l'étoffe, & travaillez jusqu'à ce qu'on voie disparoître presque toutes les parties colorantes de ce nouveau bain ; relevez l'étoffe ; passez & travaillez-la sur un bain neuf de parties égales d'eau chaude & de bain de gaude, auquel on peut ajouter un peu d'eau de vert-de-gris ; rabattez & travaillez-la encore dans un autre bain d'un tiers d'eau chaude & de deux tiers de gaude & de bois jaune cuits ensemble, à raison de six livres de bois par botte de gaude ; lavez & battez au sortir de ce bain.

Passez enfin l'étoffe sur un bain d'eau froide, dans lequel on a versé la dissolution faite dans l'eau chaude, d'une once de vitriol de Chypre par pièce ; travaillez environ une heure ; relevez, lavez, battez, & faites sécher.

Le vert fait de cette manière n'est point encore poussé à la nuance qui caractérise en général les verts de cuve, & l'on ne regarde ces opérations que comme préparatoires : on passe aux suivantes, pour achever la couleur.

Faites chauffer le déchet du premier bain d'alunage qu'on a conservé ; ajoutez-y la huitième partie des drogues dont il avoit d'abord été composé, & lorsque la dissolution en sera faite, travaillez-y l'étoffe comme dans le premier cas, & laissez-l'y reposer deux heures, pendant lesquelles on la travaille trois ou quatre fois ; levez, lavez & battez ; passez ensuite l'étoffe, comme en commençant, sur un même bain successivement augmenté de gaude en même proportion, & à la fin mettez-y seulement du vert-de-gris dissous.

Si, après avoir travaillé l'étoffe, sa couleur ne paroissoit pas encore à la nuance de l'échantillon, il y faudroit ajouter un peu de bain de bois d'Inde, en très-petite quantité d'abord, parce que la dissolution du cuivre le porte au bleu ; il est difficile d'employer le bois d'Inde avec succès : il s'incorpore si rapidement sur l'étoffe, & sur-tout quand la couleur est piétée, qu'on a beaucoup de peine à éviter les inégalités de nuances, & les taches. Lavez & mettez au sec ; le vert est achevé, & l'on peut se dispenser de le passer encore au vitriol de Chypre, comme quelques-uns le pratiquent.

Quand on leve l'étoffe d'un bain pour y ajouter quelque chose, & il faut toujours la lever dans ce cas, il faut bien pallier ce bain avec la main, ou avec un rable, pour étendre également les particules de tous les ingrédiens qui le composent, avant d'y rabattre l'étoffe. Beaucoup de Teinturiers sont dans la persuasion qu'il faut faire dissoudre & délayer le vert-de-gris dans l'eau froide, & ils s'y prennent d'avance en conséquence, parce que, de cette manière, il est effectivement long-temps à se dissoudre : ils laissent déposer cette dissolution, & ils décantent le bain avant de l'employer. On a raison de procéder ainsi, parce que les petites particules vertes qui nageroient dans le bain, s'attacheroient fortement à l'étoffe, & y feroient des piqûres ou des taches.

On entend toujours par *travailler une étoffe sur un bain* ou dans un bain, la liser, la relever sur la planche, la rabattre, la reliser, & ainsi de suite : il est plus commode de le faire au tourniquet, quand on peut l'adapter sur les baquets ou autres vases dans lesquels on opère. Si ce sont des matières en fils, on les lise & travaille, les écheveaux passés aux bâtons, & on les tord à la bille, s'il en est besoin.

On espéreroit vainement de faire un vert égal sur un pied de bleu qui ne le seroit pas. Le bleu manquant d'égalité n'est plus propre qu'à être poussé au noir.

N°. 9.

De l'Olive verte.

L'étoffe *piétée* en bleu, engallée & passée en gris, comme pour l'olive ordinaire, on la lave bien, & l'on suit en tout le procédé pour le vert : il suffit que le pied de bleu, pour base de l'olive, soit léger & clair ; il est moins couteux, & l'on n'en arrive que mieux à sa nuance. Au lieu de l'eau de couperose qu'on emploie pour mettre en gris, ou brunir, on peut se servir du bain de la tonne de noir, & cela, à peu près dans toutes les circonstances ; il est seulement question d'en proportionner la quantité & la force.

On avertit une fois pour toutes, qu'il faut toujours mouiller l'étoffe avant de la faire passer dans un bain, quel qu'il soit ; on n'en excepte que les engallages & les alunages, où, travaillée d'abord, & déposée long-temps ensuite, elle a le temps de s'en pénétrer bien & également ; sans cela elle résiste plus ou moins par parties à la pénétration de l'eau, & elle se charge inégalement des sels & des parties astringentes ou colorantes quelconques qui nagent dans ce bain. Il faut aussi éviter que l'étoffe soit remplie d'eau ; elle en doit au contraire être extraite par la pression, ou en tordant, ou en battant. Dans cet état de dilatation, où les pores de la matière viennent de se vuider & sont encore ouverts, elle a la plus grande propension à l'aspiration.

G

N°. 10.

De la cuve ou tonne de noir.

Proportion des drogues.

Couperofe verte,	12 livres.
Vieille ferraille,	300 d°.
Ecorce d'aune,	200 d°.
Eau, cinquante feaux ou fix cents pintes.	

La tonne en bois eft placée affez haut fur des chantiers, pour qu'on puiffe mettre un baquet en avant & pardeffous.

Les Teinturiers different dans l'arrangement de ces drogues ; mais ces différences ne font pas d'une grande conféquence : il fuffira d'indiquer une méthode qui foit bonne.

Mettez au fond de la tonne cinq à fix pouces de haut d'écorce d'aune ; placez deffus la couperofe ; couvrez-la de cinq à fix pouces de nouvelle écorce ; rangez deffus les trois à quatre paniers qui contiennent la ferraille : chargez le tout d'écorce, jufqu'au haut de la tonne, & rempliffez-la d'eau.

L'écorce doit être feche & brifée en canelle ; on la preffe avec force dans la cuve en l'arrangeant ; les bottes pefent environ vingt livres. Plus la ferraille eft rouillée, mieux elle opere ; plus elle eft menue, plus il s'y forme de rouille, & moins il en faut.

Soutirez cette tonne pendant fix femaines de fuite, une fois par femaine, & à chaque fois rejetez pardeffus le bain foutiré. La tonne eft alors en état, & l'on peut s'en fervir. Quand elle commencera à s'affoiblir, on y ajoutera une quantité de couperofe, moitié de la premiere ; on foutirera, & l'on rejetera pardeffus pendant quelques jours, au bout defquels on pourra retravailler. Quand elle refufera le fervice une feconde fois, on la regardera comme ufée. On la démontera ; on lavera bien la ferraille, qu'on étendra enfuite à l'air, afin qu'elle fe rouille de nouveau, pour redevenir propre au même ufage.

Du Noir.

Piétez en bleu, lavez & faites fécher : engallez à raifon de quatre onces par livre, & pendant vingt-quatre heures : mettez égoutter. Les uns font fécher ; d'autres ne le font pas : ceux-ci penfent que c'eft un temps perdu, & ils font de fuite toutes les opérations de teinture. Travaillez enfuite l'étoffe pendant trois heures dans une quantité de bain de la tonne fuffifante pour l'abrever : abattez & éventez de temps en temps dans cet intervalle : relevez enfin, éventez, lavez & battez, jufqu'à ce que l'eau forte claire. Le noir fe fait de bien des manieres : il eft très-beau par le procédé fuivant. Au fortir du premier bain de la tonne, donnez-en un de bois d'Inde : lavez, & redonnez du bois d'Inde, en y ajoutant du vert-de-gris. Réengallez fans laver : repaffez en noir : lavez, féchez ; faites un nouveau grillage après avoir broffé. Paffez l'étoffe fur la chaudiere à l'eau bouillante : lavez en riviere : battez : égouttez : & engallez ; en obfervant d'ajouter à l'ancien bain de galle dont on fe fert, du fumac en même quantité que de la galle la premiere fois. On y met auffi quelquefois un peu de galle nouvelle : le bain d'engallage toujours employé le moins chaud poffible : feulement tiede, & mieux encore froid. Paffez fucceffivement à des troifiemes & à des quatriemes bains de galle & de noir : donnant toujours le bois d'Inde après, &

lavant enfuite ; terminant enfin par un léger bain de gaude très-chaud : les derniers engallages fe donnent dans les déchets précédens. On a fupprimé, comme inutiles, & la crême de tartre, & le favon, & l'huile de pied de bœuf, &c. qu'on a employés pendant long-temps, & que quelques perfonnes emploient encore.

Pour adoucir encore le noir & le luftrer, il faut, lorfque l'étoffe eft feche, la bien vergeter, la revergeter encore, en mettant fur la vergette une goutte d'huile d'olive ; renouveler ainfi l'huile goutte à goutte, de deux aunes en deux aunes, pour que tout s'en fente, & qu'il n'y en ait trop nulle part ; & bien fe mettre en garde contre la pouffiere.

On emploie ordinairement de l'eau commune pour monter les cuves de noir ; l'eau fure, de la petite bierre aigrie, ou toute autre liqueur acidulée feroit préférable. L'eau pure ne diffout le fer que très-lentement quand elle le furnage ; ce n'eft que par le contact de l'air & l'acide vitriolique qui y eft répandu, qu'il fe rouille fi précipitamment. La limaille de fer qui ne paroît point fe diffoudre dans de l'eau pure, fe diffout très-bien dans l'acide végétal, d'où l'on peut préfumer que, joint à l'acide vitriolique de la couperofe, ils ont enfemble plus d'action pour opérer cette diffolution.

L'eau fure fe fait en verfant de l'eau bouillante fur quelques boiffeaux de fon, mis au fond d'une tonne, qu'on recouvre enfuite : il s'y établit une fermentation qui tourne à l'aigre fur le champ.

La plus vieille féraille, celle qui a le plus paffé à la forge, & qui eft travaillée le plus menu, comme on l'a déjà obfervé, eft la meilleure. Pour la laver au fortir de la tonne de noir, on la met dans un tonneau, au travers duquel, de fond en fond, paffe un axe foutenu par des appuis, fur lefquels on le tourne : par ce frottement violent, & à force d'eau, elle fe dégage très-bien du dépôt limonneux dont elle s'eft chargée dans la cuve.

Plus le pied de bleu eft fort, plus fa nuance eft foncée ; plus auffi le noir eft beau, & mieux il fe foutient. Mais comme c'eft le bleu qui renchérit cette couleur, on ménage quelquefois fur fa nuance. On voudroit réparer cela, en forçant du bain de la tonne, de couperofe, de bois d'Inde : de-là vient que l'étoffe rougit quelquefois à l'ufage, & même qu'elle eft brûlée.

Il eft prefcrit d'éventer de temps en temps au bain de noir ; cette opération eft des plus effentielles ; elle doit être faite promptement, également, à grands plis, & mieux encore fur le pré à chaque fois : d'où l'on voit qu'il eft effentiel d'avoir fon attelier de teinture en noir près d'une prairie & d'une riviere. L'air frappant les couleurs au fortir du bain, les remonte, & les porte par cette action fouvent répétée, toutes chofes égales d'ailleurs, au dernier degré d'intenfité.

Le lavage en riviere après chaque bain de noir, n'eft pas moins important. Il faut battre l'étoffe fur le radeau, après l'avoir *tirée à menu* de la riviere, où on la rejette d'abord : la fouler aux pieds avec des fabots : la rejeter ; & la tant laver & purger, que l'eau en forte toujours claire. Elle en afpire beaucoup mieux la galle, & les parties colorantes ; & la beauté du noir en dépend abfolument.

Le fumac qui fert au fecond engallage, a moins d'effet ; mais il eft moins cher, & il joint à cet avantage celui de donner plus de douceur que la galle.

On ne doit pas oublier de rejeter fur la tonne de noir tous les déchets du bain qu'on en a tirés, & dans lefquels on a paffé & travaillé l'étoffe.

N°. 11.

Gris de maure, de fer, d'ardoise, & autres à pied de bleu.

Le pied donné à la nuance convenable, & l'engallage fait à raison d'une once par livre de matiere, avec plus ou moins de travail & de temps, l'étoffe bien égouttée, on la passe dans un bain d'eau claire, auquel on a ajouté de l'eau de couperose en quantité indéterminée : on la leve, pour ajouter à ce bain de celui de bois d'Inde ; on rabat, travaille, leve, lave, & met au sec ; la couleur est finie.

On peut aussi substituer ici du bain de la tonne de noir à l'eau de couperose ; mais on n'en sauroit déterminer la quantité à employer à la fois ; l'usage, beaucoup d'agilité & d'adresse servant mieux que les procédés.

Si, en augmentant peu à peu d'ingrédiens, de temps & de travail, pour atteindre à la nuance qu'on cherche, il arrivoit qu'on passât outre, il faudroit dégrader dans un bain d'eau chaude pure ou d'alun ; & si l'un ni l'autre n'amenoit la couleur à la nuance qu'on désire, il faudroit y ajouter de l'huile de vitriol, qui détruiroit la couleur seconde ; on procéderoit de nouveau sur le pied de bleu : mais on évite tout ce travail, en destinant alors la piece trop fortement nuancée à une couleur plus rembrunie.

N°. 12.

Des Gris ordinaires.

Cette couleur est facile à faire ; mais les nuances variées à l'infini sont difficiles à saisir : on emploie des feuilles de rédoul ou de sumac, pour tenir lieu de noix de galle dans la premiere préparation ; & cette sorte d'engallage se fait à la maniere ordinaire, en proportionnant la dose, le travail & le temps à la nuance.

L'étoffe passée au savon, lavée & dégorgée en riviere, passée ensuite sur un bain léger d'huile de vitriol, relavée & dégorgée, d'abord à l'eau chaude, puis à la riviere, & bien battue, on lui donne un peu de bois d'Inde dans un bain d'eau chaude ; on le met par petites quantités : le mieux seroit cependant d'en étendre sur le champ celle convenable ; de brasser le bain, de le bien mêler, & d'y travailler l'étoffe rapidement & toujours également, parce que le bois d'Inde se dépose incontinent.

On leve la piece sur la planche ; on dispose un bain d'eau fraîche dans un autre baquet ; on y verse du bain de la tonne de noir, en petite quantité, suivant sa force, & la nuance à donner : on finit la couleur dessus sans laver, à moins qu'on eût outre-passé la nuance. Le rédoul ou sumac, beaucoup plus foible que la noix de galle, n'en convient que mieux pour les gris blancs, les nuances délicates & pâles : après l'usage de ce tan, on emploie quelquefois la gaude.

DES COULEURS EN FAUX TEINT.

On ne donnera pas de définition du *grand* ou *bon teint*, ni *du petit* ou *faux teint* ; on en est rebattu, sans en être plus instruit. Ces définitions, ces distinctions tiennent à l'analyse des parties constituantes ou fortement adhérentes, à l'explication des causes & à l'histoire des faits intermédiaires, d'où sortent les derniers résultats : c'est la théorie de la teinture ; mais tout nous manque sur cette matiere encore neuve & intacte. L'un des Arts les plus curieux & les plus utiles n'est encore exercé qu'en tâtonnant ; & un édifice aussi brillant manque absolument de base. On devra beaucoup sans doute à la Société qui, peinée de ce vuide immense dans les Arts, chercha à tirer celui-ci du néant, en consacrant généreusement une somme pour prix des idées les plus saines, des choses les mieux vues, & des recherches les mieux faites, relativement à la teinture considérée comme Science & comme Art.

Chargé par cette Société d'être son organe auprès de l'Académie Royale des Sciences de Paris, j'avois d'abord proposé de sa part la question dans toute son étendue. Cette Compagnie trouvant le plan trop vaste, parce qu'il exigeoit des observations, des recherches & des travaux considérables, proposa de diviser la matiere par questions détachées. Je rédigeai un nouveau programme, & l'*Analyse de l'Indigo*, sur laquelle le prix a été adjugé en 1777, fut la premiere question, & le fruit du zele & de l'amour de cette Société pour l'Art de la Teinture.

On ne multipliera pas plus les procédés dans cette classe que dans la précédente. En décrire beaucoup, pour dire ensuite que tel est meilleur, & tel moins bon, ce seroit grossir cet Ouvrage, sans le rendre plus utile. D'autres auront d'autres recettes ; quelques-uns peut-être en auront de préférables : celles-ci sont sûres du moins ; & je les tiens pour excellentes, si elles déterminent quelqu'un plus instruit à en publier de meilleures.

Quoi qu'il en soit, on doit nous savoir quelque gré de nos efforts pour arracher ce voile, qui, à un très-petit nombre près d'initiés, couvre toujours un sanctuaire inabordable.

N°. 1.

Du Cramoisi de bois, & Maure-doré faux.

La piece de Velours en blanc & abrevée, se passe sur un fort bain de rocou ; on la travaille rapidement pendant une demi-heure, plus ou moins ; on la lave bien en riviere, & on lui donne le même engallage qu'au Maure-doré.

Pressée & égouttée, on lui donne un bain très-chaud de deux tiers de fernambouc, & d'un tiers d'eau pure ; on l'y travaille pendant trois quarts d'heure ou une heure ; on la leve sur la planche ; on en exprime le bain, en faisant toujours attention qu'il n'y reste pas de faux plis, ni qu'en la travaillant sur le bain elle ne s'enroule pas, mais qu'elle soit au contraire toujours tenue au large ; on étend de la composition dans un bain d'eau pure & froide, qu'on brasse bien ; on y travaille l'étoffe. Au sortir de la composition, on la repasse immédiatement sur le premier bain de bois, & ainsi trois fois de suite alternativement ; on répete trois fois ces trois opérations alternatives sur un nouveau bain de bois, & toujours sur le même de composition : définitivement on fait un bain neuf de bois comme le premier, & l'on y acheve la couleur, si elle se trouve assez foncée, ou on la retravailleroit encore sur la composition, mais en la terminant toujours par le bain de bois. On fait sécher sans laver.

Pour le Cramoisi violent, il est inutile d'employer le rocou ni la galle : on commence par le bain de bois, & successivement & alternativement celui de la composition. Cette couleur, toute fausse qu'elle est, est une des plus solides de celles en faux teint : l'air ne l'altere qu'à la longue. Comme la plupart de celles de ce genre, elle s'avive plutôt qu'elle ne perd aux acides, & elle ne craint rien tant que les alkalis. Il est très-difficile de rendre unies les couleurs qui demandent beaucoup de chaleur & plusieurs bains pour les former; celles sur-tout qui proviennent des végétaux, dont la partie colorante extractive s'échappe, & adhère rapidement & avec facilité, comme la plupart des bois & des plantes. En général, celles qu'on tire des racines, plus adhérentes, plus élaborées, semblent être plus difficiles à extraire, & avoir plus de fixité. A travailler cette couleur de suite, il faut environ cinq heures en tout pour la composer.

Procédé de la composition.

Acide nitreux.	1 livre.
Sel ammoniac.	4 onces.
Eau commune.	8 onces.
Etain fin, filé ou en grenaille.	2 onces.

La dissolution doit être faite lentement, en mettant l'étain par petites parties, à mesure qu'il se dissout. On suppose l'eau forte très-concentrée, ou il en faudroit augmenter la dose, & diminuer celle de l'eau commune.

N°. 2.

Du Violet ordinaire.

On débute par un pied de gris très-foncé, après lequel on lave bien : on travaille ensuite l'étoffe dans un bain de bois d'Inde très-fort & très-chaud; & comme pour le cramoisi, alternativement & successivement dans le bain de composition. Pour avoir un beau Violet très-foncé, il faut, après les premieres nuances, laisser sécher l'étoffe, & la travailler sur la couleur avec de nouveaux bains, comme la premiere fois. On a à travailler avec un pied de bleu; mais il n'embellit, ni il ne rend plus solide la couleur, parce qu'il est toujours léger en comparaison de la nuance, ou qu'il couteroit trop cher.

N°. 3.

Du Chamois.

Travaillez l'étoffe pendant demi-heure dans un bain d'eau chaude qu'on a brassé, après y avoir versé deux verrées de bain de rocou pour une piece; relevez; ajoutez au bain trois à quatre pintes d'eau de rédoul, ou moitié moins de la décoction de noix de galle; rabattez & travaillez l'étoffe un quart ou une demi-heure; levez, lavez & battez; passez sur un nouveau bain d'eau chaude, où l'on a mis quatre pintes du bain de gaude; lavez, & faites sécher.

Pour le ventre de biche, on donne le premier bain comme au Chamois, & l'on passe ensuite l'étoffe sur un second bain d'eau pure, où l'on a versé de la dissolution d'alun à raison de six onces par piece; travaillez une demi-heure; dégorgez, battez & mettez sécher : la couleur est faite.

N°. 4.

Du Ponceau.

Cette couleur, celle de cerise, de feu, de rose, & les diverses nuances de ce genre, se font avec la fleur de *carthame*, ou *safran bâtard*, connu sous le nom de *safranum*; & comme la plus grande partie du travail consiste dans les préparations préliminaires de cette fleur, on commencera par les décrire.

Mettez le safranum en l'état où il sort de chez le Droguiste, dans un sac de toile; jetez ce sac à la riviere au courant de l'eau; laissez-le tremper ainsi pendant plusieurs heures; foulez-le aux pieds avec des sabots dans l'eau même, pendant quelque temps; laissez-le se détremper ainsi encore pendant vingt-quatre heures; foulez de nouveau, & lavez-le tant qu'enfin l'eau en sorte claire.

L'eau rousse qui s'échappe dans le lavage provient de la partie jaune du safranum, dissoluble à l'eau, & dont il le faut purger, pour que la partie qui colore en rouge conserve tout son éclat. Cette derniere partie réside dans une substance résineuse, & n'est dissoluble que par les alkalis; elle s'extrait ainsi.

Mettez le safranum, lavé & presque réduit en pâte, dans un grand vase où l'on puisse aisément le fouler aux pieds par petites parties; saupoudrez à mesure cette matiere de la meilleure cendre gravelée pulvérisée; au défaut de cendre gravelée, on peut se servir de potasse; & faites-en le plus parfait mélange possible, à raison d'une livre de cendre sur quinze de safranum; lessivez jusqu'à ce que les sels, qui tiennent en dissolution les parties colorantes du safranum, les aient toutes entraînées. Cette lessive est le *bain du safranum*.

Avant d'en faire l'application, il faut piéter la couleur en rocou par degré, pour arriver à la nuance qu'on veut donner au pied, laver & aviser cette nuance dans un bain d'eau claire où l'on a étendu de l'eau d'alun, jusqu'à faire assez sentir cette saveur sur la langue, & enfin bien dégorger & laver en riviere.

On prépare le bain de safranum, en versant dessus de la dissolution de crême de tartre, qu'on préfere au jus de citron, jusqu'à ce qu'on ait *viré le bain*, c'est-à-dire, que de jaune rougeâtre qu'il est, il devienne cerise; brassez-le bain; passez & travaillez-y l'étoffe, jusqu'à ce qu'elle tire de la couleur, ou qu'elle soit à la nuance cherchée : si ce bain ne peut la lui procurer, passez-la sur un second semblable, & sur plusieurs autres encore, si les premiers ne suffisent pas, observant de laver entre chaque bain, & de faire sécher même une fois ou deux, pour en mieux juger.

On trouve que la crême de tartre développe mieux que le jus de citron la partie colorante du safranum; elle donne à la couleur un air plus vif, plus nourri, & elle se soutient mieux à l'air.

Les bains de safranum ne doivent se faire qu'au moment de les employer, & encore faut-il mettre beaucoup de célérité dans les opérations, parce qu'ils perdent aussi-tôt de leur couleur, & qu'ils finiroient par la perdre entiérement. Il faut aussi les faire & les tenir toujours à froid; la chaleur décoloreroit le bain *viré* ou rougi par l'acide végétal. Ce n'est qu'au moment de l'employer qu'on peut l'échauffer sans risque, & l'on y est nécessité par le mélange du bain de crême de tartre, laquelle se cristalliseroit bientôt, si le bain qui la tient en dissolution se refroidissoit.

Les autres couleurs à nuances moins foncées que le Ponceau, & qui se tirent également du safranum, reçoivent aussi un pied de rocou; le rose même, qui en devient plus vif & moins bleuté; mais il faut que ce pied soit très-léger : elles s'exécutent du reste, en suivant le même procédé; il n'est question que de varier les doses, de moins forcer, & de moins multiplier les bains.

Voici un procédé qui m'a paru plus expéditif, & dont je suis également sûr du bel effet. Dans le même sac où le safranum a trempé en riviere, & où il se trouve très à l'aise, & où il est à un quart de sa continence, par exemple; moins il y en a, mieux l'opération se fait; mettez une once de potasse ou cendre gravelée par livre de safranum pulvérisé;

mêlez,

mêlez, ballottez bien le tout enfemble ; mettez ce fac dans un baquet très-propre, qui n'ait fervi à aucune matiere colorante, autre que celle-ci ; mettez-y de l'eau à raifon d'un feau par livre de fafranum ; laiffez-y tremper le fac ; macérez, foulez, preffez-le, pour que la partie colorante fe diffolve & s'échappe ; au bout de deux heures de travail le bain eft affez chargé. Dans une petite chaudiere de huit à neuf feaux d'eau , mettez neuf livres de crème de tartre, qu'il faut faire bouillir jufqu'à ce que la crème foit en diffolution : prenez un baquet très-propre ; mettez-y cinq feaux de la leffive de fafranum , & deux ou environ du bain de crème de tartre. Quand on apperçoit que ce mélange commence à bouillonner, on pallie fortement le bain ; on difpofe auffi-tôt la piece fur un moulinet pofé au deffus du baquet ; on la paffe rapidement fur le bain, en la tenant toujours bien au large ; & quand on l'a ainfi paffée fix ou huit tours , toujours en nombre pair , & ainfi de toutes les opérations femblables , pour que les deux extrémités de la piece foient également atteintes de la couleur, on la releve fur la planche , & on la rabat dans la chaudiere à autant de reprifes différentes que fur le tourniquet ; en obfervant de retourner la piece à chaque fois, pour que le bout qui eft forti le dernier de la chaudiere y rentre le dernier.

Pendant ce temps-là, le fafranum trempe toujours dans fon bain, où l'on a remis autant d'eau qu'on en a tiré ; le macérant, agitant, foulant également de temps en temps.

On paffe à un fecond bain comme le premier ; on y travaille l'étoffe de même ; & fi la couleur n'eft pas à la nuance requife, on fait un troifieme bain, un quatrieme même, s'il eft néceffaire.

On fait fécher à l'ombre, en étendant la piece bien également , parce que les parties qui féchercient plus promptement fe coloreroient différemment , & feroient tacher, onder la couleur, ce qui arrive encore quand il y a des courans d'air qui frappent plus en des parties qu'en d'autres. L'étendage , par cette raifon , demande un foin particulier ; fur des perches , où , par le moindre attouchement d'un point quelconque fur lequel l'étoffe fécheroit, elle fe tacheroit : il faut donc tendre des cordes dans la fécherie, par longueurs horizontales & rapprochées , y accrocher l'étoffe, en allant & revenant ; ou fur la même longueur, ce qui feroit mieux, fi la fécherie eft affez étendue, en les foutenant de diftance en diftance, ou enfin difpofées en volute , pour éviter le retour, ou efpece de plis de l'étoffe qui empêche toujours la parfaite égalité du féchage : on l'accroche à ces cordes par la lifiere avec des épingles, & elle fe feche ainfi, pendant verticalement fur fa largeur.

N°. 5.

DU CAPUCINE.

Il fe fait fur le même principe que le ponceau , avec la différence qu'il y faut employer plus de rócou , & moins de fafranum.

N°. 6.

DU BLEU ET DU VERT DE BOIS D'INDE.

Travaillez l'étoffe dans un bain de bois d'Inde , où l'on a verfé deux onces de vitriol de Vénus , & quatre onces de diffolution de cuivre par l'acide végétal : le bleu fera fait.

Le vert fe fera également d'un feul jet, dans un même bain de bois d'Inde & de vert-de-gris , auquel on ajoutera du bain de bois jaune, à pro-

portion de la nuance à faire. Ce procédé n'eft bon que pour les matieres en fil. La couleur trop foible & même un peu livide ne conviendroit point aux étoffes , à moins qu'on ne voulût un gris bleuté. Il n'y a que les Anglois qui teignent des Velours dans cette couleur ; mais parmi d'excellentes chofes, il n'eft drogues qu'ils ne faffent ; tout eft bon fans doute, puifqu'ils le débouchent ou le confomment.

N°. 7.

DU BLEU ET DU VERT DE SAXE OU DE CHINE,

Compofition.

Acide vitriolique très-concentré,   8 parties.
Antimoine pulvérifé   ½
Indigo flore pulvérife à ajouter quand
la diffolution fera faite   1

Mêlez , agitez & laiffez digérer pendant vingt-quatre heures fur un bain d'eau chaude mife dans un baquet ; verfez de la diffolution d'indigo , & palliez bien ; ajoutez-y moitié autant que de compofition , de l'eau de foude chargée à porter l'œuf ; braffez encore ; travaillez l'étoffe dans ce bain , jufqu'à ce que la couleur foit portée à fa nuance ; lavez , & battez bien.

Le vert fe fait en paffant l'étoffe de ce bleu dans un bain de bois jaune : lavez , dégorgez & battez , jufqu'à ce que l'eau forte claire , & que l'acide ne faffe aucune impreffion. On a l'expérience que cet acide mal extrait d'abord d'une étoffe où il a fervi d'intermede à la couleur , s'y concentre toujours davantage, & finit par la brûler entièrement. Faites fécher.

N°. 8.

DU BLEU ET DU VERT DE PRUSSE.

Décolorez une livre de bleu de Pruffe avec une fuffifante quantité d'alkali fixe marin , en faifant bouillir le tout enfemble ; paffez dans ce bain l'étoffe qu'on a foiblement alunée avant : quand elle paroîtra bien égale, paffez-la dans un nouveau bain d'eau , où l'on aura mis de l'acide marin jufqu'à piquer un peu la langue , prefque autant que du vinaigre ; lavez , & battez bien. Pour le vert, on paffe fur le bain de bois jaune, comme à l'ordinaire.

La couleur bleue ne fe développe point par le mélange de l'alkali fixe, qui diffout cependant la matiere & l'étend dans le bain ; ce bain fe colore en jaune fauve , & ne donne pas d'autre nuance à l'étoffe ; mais il fuffit qu'elle y foit appliquée également. C'eft l'acide qui développe le bleu , & qui lui donne de l'éclat.

Les procédés du bleu & vert de Saxe & de Pruffe qu'on vient de décrire , ont été fuivi pendant long-temps ; mais la couleur étoit fouvent foible , terne & mal unie : elle eft plus vive & plus nourrie par le procédé fuivant, applicable à l'un & à l'autre.

Compofition.

Sur du beau bleu de Pruffe pulvérifé & paffé au tamis très-fin , mis dans un vafe de faïence en dofe indéterminée , mais à raifon d'une livre par piece d'étoffe, verfez de l'acide marin , jufqu'à ce que la matiere vienne en confiftance de firop ; remuez toujours, lorfde la fermentation, pendant environ une demi-heure ; délayez bien , & remuez encore d'heure en heure pendant une journée , jufqu'à ce qu'enfin on n'apperçoive plus de fermentation , que la divilion des parties entre elles soit très-grande, & que leur union avec l'acide soit intime. On emploie l'acide marin de préférence à l'acide nitreux, parce qu'on a reconnu qu'il attaquoit moins l'étoffe, & qu'il donnoit une couleur plus vive.

Dans un baquet plus étroit que les baquets ordinaires, & plus évasé par le haut, de deux pieds de diametre par bas, & deux pieds & demi par haut, de hauteur égale à son évasement ; mettez sept à huit seaux d'eau pour une piece de Velours ; ajoutez-y de la composition qu'on a bien délayée avant avec de l'eau, dans un vase à part ; versez-la dans le bain à travers un tamis bien fin ; & aussi-tôt que la piece est disposée sur le tourniquet placé au dessus du baquet, palliez fortement le bain, & abattez promptement, travaillant avec le plus d'activité qu'il est possible pendant une, deux, trois heures, en passant la piece successivement du tourniquet à la planche, & de la planche au tourniquet.

Comme le bleu de Prusse n'est réellement pas dissous, qu'il n'est que très-atténué, & qu'il a du poids, il se dépose rapidement sur la matiere, & toujours en plus grande quantité sur la premiere qui se présente ; il en résulte que la couleur est d'abord ondée & souvent placardée, quelque soin qu'on prenne : on ne doit point s'en étonner ; il faut cependant éviter ces accidens le plus qu'il est possible ; travailler & retravailler l'étoffe ; laver avec le bain même les parties trop atteintes ; retravailler tantôt un bout le premier, tantôt l'autre ; faire sécher enfin ; retravailler de nouveau, toujours le plus également & le plus promptement ; faire sécher encore une fois, s'il en est besoin, & retravailler encore, jusqu'à ce que la nuance soit au point qu'on la désire, & que la couleur soit bien unie : c'est la couleur pour laquelle il faut un Ouvrier des plus exercés. On lave l'étoffe entre chaque sec ; on la bat ; il faut, en toutes sortes de bains, que l'étoffe y soit toujours passée bien humectée ; seche, elle ne se pénétreroit qu'avec beaucoup de peine, & toujours très-inégalement. Définitivement on ne lave point, on fait sécher à la rame, au grand air, au soleil ou à l'ombre, pourvu que la piece soit bien étendue. Pour passer au vert, on alune la piece encore mouillée de son bleu, & on la passe au bain jaune de gaude ; en plus ou moins grande quantité, suivant la nuance. La gaude est plus vive que le bois, qui fonce davantage, mais qui ternit un peu la vivacité du bleu. Si l'on vouloit un vert tendant à l'olive, le bois seroit préférable. Faites sécher au grand air comme le bleu.

Cette couleur, une des plus belles que l'art puisse produire, est inaltérable à l'air & à toutes ses intempéries, lorsqu'elle est bien faite : j'en ai exposé ainsi des échantillons pendant six mois de suite ; elle a remonté pendant long-temps ; elle a enfin peu perdu. Les acides ne lui sont pas contraires ; le débouilli même à l'alun ne l'altere que foiblement ; mais la poussiere, le frottement sur le dos des plis, la ternit bien-tôt, & le moindre attouchement de quelque liqueur alkaline, la décompose sur le champ.

Le bleu de Prusse se trouve dans le commerce en pâte durcie & cassante, à peu près comme l'indigo ; mais comme il coute fort cher, & qu'on le peut faire par-tout, j'en vais donner le procédé d'après M. d'Apligny, le plus simple & le meilleur qu'on connoisse.

Sang de bœuf sec & réduit en espece de petites écailles,   3 onces.
Tartre rouge,   3
Potasse,   3
Salpêtre de la seconde cuite,   1 ½

Pulvérisez le tout ; mettez-le dans un creuset, & donnez un feu gradué, jusqu'à ce que la matiere, réduite en pâte, ne fume plus, & soit également rouge ; jetez-la alors par cuillerées dans trois pintes d'eau bouillante ; coulez cette lessive, & mêlez-la avec une dissolution chaude de huit onces d'alun, & de deux onces de vitriol de Mars ; remuez bien ce mélange avec un bâton, pour accélérer la précipitation du bleu.

Réflexions générales sur la teinture.

On suit dans quelques atteliers, avec plus ou moins de différence, les procédés qu'on vient de décrire. Il n'en est pas moins à présumer qu'il y a souvent des manipulations superflues, & quelquefois des ingrédiens inutiles. Les couleurs primitives, *le jaune*, *le rouge* & *le bleu* sont la base de toutes les couleurs : elles peuvent être le résultat d'une combinaison faite par la Nature ; mais elles sont simples à l'égard de l'Artiste ; il ne les fait pas, il les extrait, il les transmet, il les fixe ces trois couleurs, & elles seules combinées varient ensuite le tableau de toutes les couleurs de la Nature, dont l'Art peut concevoir & tenter l'imitation.

Qu'on place le jaune avant le rouge, & le rouge avant le bleu, en supposant la premiere couleur plus simple, & les suivantes plus composées, c'est se supposer être instruit de la marche de la Nature, pour la composition de ces couleurs ; & personne ne sait pour laquelle elle se met le plus ou le moins en travail. Quel que soit le systême le moins systême, c'en est toujours un ; & quoique les Arts soient souvent eclairés par des systêmes, il ne paroît pas que l'Art de la Teinture puisse tirer un grand avantage de celui-ci, puisque le Teinturier est toujours obligé de considérer, par rapport à lui, comme simple en soi, & élémentaire à l'égard de toutes les autres, chacune des trois couleurs dont on vient de parler.

Ces trois couleurs peuvent être graduées insensiblement du blanc au noir, par une multitude de nuances. Il y a deux moyens pour opérer cette gradation : l'un d'unir à une couleur simple, une couleur simple, ou plus ou moins composée ; il naîtra de ce mélange, dont la pratique indiquera les doses, une nouvelle nuance qui pourra faire partie de la gradation dans telle ou telle couleur. Cette idée a dû se présenter d'abord : le succès l'a fixée ; & la pratique en est devenue générale : elle a néanmoins beaucoup d'inconvéniens. La réussite tient au tâtonnement : les manipulations sont plus multipliées ; la quantité des ingrédiens colorans, toujours chers, plus considérable ; &, à prix égal, la solidité dans la couleur toujours moindre. Il faut sans doute mélange de couleurs, lorsqu'il est question de produire une couleur nouvelle & composée ; encore cela n'est-il pas toujours absolument nécessaire ; mais peut-être aussi n'est-il jamais absolument nécessaire de faire ce mélange, lorsqu'il est question que de varier les nuances d'une même couleur ; & c'est plutôt de cette idée plus réfléchie qu'on a tiré l'autre moyen. On sait que les acides portent au rouge, & que les alkalis font tendre au vert : on sait que les uns ou les autres, pris dans les différens regnes, ont des effets très-différens ; on sait que ces effets varient beaucoup plus encore, lorsque les sels tiennent des métaux en dissolution, & qu'ils dépendent & de la nature du métal, & de la quantité qui y est répandue. Peut-être ne tient-il qu'à l'emploi de ces sels, d'avoir toutes les nuances qui dérivent des couleurs primitives. Peut-être ne tient-il qu'à l'emploi de tel ou tel métal, dissous dans ces sels, en bain préparatoire, ou dans celui même de la couleur, de les assurer toutes,

J'ai vu dans l'attelier de teinture pour les tapisseries aux Gobelins, des gradations de nuances poussées depuis le gris-de-lin le plus tendre, jusqu'au violet le plus sombre ; depuis le rose le plus pâle, jusqu'au cramoisi le plus foncé ; depuis le ventre de biche le plus clair, jusqu'au brun le plus obscur. J'y ai aussi vu la série des échantillons matrices des pieds à la cochenille ; on m'a assuré que, sans l'emploi d'aucun bain de bruniture, & par le seul effet des sels, on les avoit tournés & poussés à la nuance qu'on observoit. Je crois seulement qu'à l'égard des cramoisis, au lieu de cuve de bleu, on emploie le cobalt dissous par l'eau régale. Ce qui paroît clair, c'est qu'on y regarde comme inutiles une infinité de pratiques, d'usage ailleurs, & qu'on y fait presque toutes les couleurs de suite & dans la chaudiere même. Peut-être peuvent elles s'exécuter toutes ainsi sur le Coton comme sur la laine. Tant de cuves & de bains préparatoires entrainent dans des dépenses & des longueurs, auxquelles on obvieroit peut-être par des bains faits au besoin sur le champ, la matiere à teindre supposée imprégnée des métaux dissous, ou souvent en étendant seulement les dissolutions de sels successivement dans le même bain. On y pense que la cuve de noir sur-tout est superflue, & que la rouille de fer peut se suppléer avantageusement par la dissolution du vitriol de Mars, la décoction d'écorce d'aune, de sumac, &c. & qu'on peut achever de foncer le noir par une forte décoction de bois d'Inde ; qu'il en est beaucoup plus doux, aussi beau & aussi solide, même sur le Velours de coton, sans courir aucun risque de le brûler. Je conviens que le noir sera plus doux, & qu'on sera moins exposé à brûler l'étoffe ; mais jusqu'à des connoissances plus étendues, qui nous amenent à en juger différemment, nous trouvons la prétention d'ailleurs mal fondée quant au Velours de coton. La tonne élabore mieux le fer ; le noir en est plus beau, plus nourri, plus noir enfin.

Toute couleur en rouge de garance peut sans doute se faire toujours en une seule fois, quant à l'emploi de cet ingrédient colorant ; & peut-être ne dépend-il que d'un sel de la fixer parfaitement, & en même temps de l'aviver.

La carriere est vaste ; mais elle est ouverte aux Artistes : il seroit bien à désirer qu'ils tournassent leurs vûes du côté de l'analyse de ces sels, dont le travail est resté jusqu'ici bien imparfait, & qu'il s'ensuivit celle des substances métalliques, pour en déduire les différens effets de ces sels, sur celles de ces substances applicables en teinture, dont les idées à peine apperçues, loin que le travail en soit encore ébauché, furent cependant mises en pratique par les Anciens, à en juger par l'Art, recouvré de nos jours, de colorer le verre : vraisemblablement par les Indiens, si, après un grand laps de temps, leurs couleurs, dont les plus belles sont imitables, & ne sont souvent imitables que par des dissolutions métalliques, rongent en effet le tissu des toiles comme les acides corrodent les métaux : & certainement par Pierre Gobelin, le premier peut-être parmi nous qui ait imaginé d'employer la dissolution des métaux dans les acides minéraux, pour assurer les couleurs en teinture, & les rendre plus éclatantes. S'il ne naissoit pas de ces recherches une plus grande variété de couleurs que celle que nous possédons, il en sortiroit du moins les moyens les plus sûrs de les fixer ; & il pourroit très-bien arriver que la teinture s'enrichit à cet égard, en proportion de ce qu'elle tiendroit plus du regne minéral : l'évidence du principe des couleurs dans les métaux donne lieu de le présumer.

J'ai oublié de parler, à la suite de la fabrication des Velours de coton, de celle des Velours de soie & de Coton, que nous avions projeté, il y a quelques années, d'établir à Amiens, & dont on vient, dans l'un des faubourgs de Lyon, de réaliser en partie l'idée ; je dis, en partie, parce que notre projet étoit de les faire à chaîne & trame de Coton, comme le Velours de coton ordinaire, & seulement à poil ou velouté de soie ; & que ceux de Lyon ont la chaîne de fond, comme celle de poil ou du velouté, en soie, & la trame seule en Coton.

Il résulte de cette derniere méthode sur la précédente, l'avantage de pouvoir plus facilement imiter les étoffes dont la figure ne couvre point le fond aussi parfaitement qu'il est couvert au Velours plein, tels les Velours cannelés, les Velours ras, ceux à la Reine, les droguets ou autres étoffes de soie à petits desseins formés par la chaîne, auxquelles les raies veloutées, les côtes ou cannelures sont en général également formées sur la largeur de l'étoffe.

Du reste elles se travaillent en soulevant à la fois sur la verge plus ou moins de fils de la chaîne, en les coupant tous, ou en partie, ou en n'en coupant aucuns ; à peu près comme les moquettes à petits desseins, où l'on pourroit, à la tire, substituer les marches ; ou comme les pannes ciselées, dont il est parlé à la suite de l'*Art d'imprimer les étoffes de Laines*, &c. ou enfin, lorsqu'il n'y a rien de coupé, qu'il y ait ou qu'il n'y ait pas de verges interposées, de la même maniere, aux variétés près, que les étoffes croisées & figurées, décrites dans l'*Art du Fabricant des étoffes de Laines rases & seches, unies & croisées*.

Ces étoffes dureront-elles autant que les précédentes ? dureront-elles assez du moins pour compenser, soit le prix de celles où il n'entre point de soie, soit l'éclat de celles de pure soie, qu'elles ne sauroient avoir ou conserver aussi uniformément ? L'expérience peut seule nous en instruire.

En attendant, nous ne saurions dissimuler combien cette invention doit ajouter aux regrets de nos trop foibles connoissances en teinture, & exciter les Artistes à reculer les bornes de ce bel Art.

Plusieurs couleurs, quoique fausses, appliquées sur la soie, sont long-temps réfléchies avec une sorte de vivacité propre à l'éclat de la matiere. Le Coton n'a point cet avantage ; il n'a rien du brillant de la soie ; il n'a point sa fermeté : il est plus susceptible des influences de l'atmosphere ; il se fripe, se salit plutôt, il est plus sujet au lavage. Son usage nécessite donc des couleurs très-variées, plus tenaces ; & son mélange avec la soie demanderoit des nuances également éclatantes, & plus constamment semblables.

A l'égard du Velours plein, nous ne doutons pas qu'il ne soit plus avantageux de revenir à notre premiere idée, c'est-à-dire, de faire l'étoffe en Coton, chaîne & trame, & le velouté seul en soie. Sans doute le Coton ne prendra jamais exactement la nuance de la soie; mais en l'imitant le plus qu'il est possible, en teignant la couleur en bon teint, en employant une trame très-fine, pour rapprocher d'autant les verges, & en bien tissant l'étoffe, elle sera garnie d'un poil dense, qui en couvrira le fond, & qui lui donnera en même temps de la force, de la douceur & de l'éclat.

Et s'il y a en effet de l'avantage à suivre cet objet dans toutes, ou seulement dans quelques-unes de ses parties; s'il prend enfin de l'extenfion, nos Provinces du Nord, beaucoup plus exercées au travail des Cotons fins, & à la teinture des matieres végétales, que celles du Midi, où la main d'œuvre en outre est plus chere, ne tarderont pas à revendiquer la fabrique & des Velours de soie & Coton, & des Velours de soie sur Coton, & celle même des autres petites étoffes de ce genre. Peut-être, hélas! la translation en sera-t-elle hâtée par un triste reste de cette barbarie régimentaire, dont rougiront nos neveux.

L'ART

DU FABRICANT

DE VELOURS DE COTON.

SECONDE PARTIE,

Contenant les Procédés de toutes les couleurs, & la maniere de les appliquer sur cette Etoffe, ainsi que sur toutes les sortes de Toiles, soit à la planche & au cylindre, soit au pinceau.

Naturam imitare magistram.
Marsy , Piét.

AVERTISSEMENT.

Je m'étois proposé, d'après des expériences & quelques conjectures, de répandre plus de théorie sur cette seconde Partie ; d'autres travaux s'emparent du temps destiné à rédiger mes idées : j'apprends d'ailleurs que M. de la Follie , de l'Académie de Rouen, s'occupe singuliérement de la théorie de la Teinture, sur laquelle il se propose de publier les siennes. Je n'hésite plus de m'en tenir à guider les Artistes, & je cede volontiers à ce digne Confrere un honneur auquel je ne saurois prétendre, celui d'éclairer les Savans (1).

Je ne donnerai non plus aucune figure sur l'Art du Fabricant d'Indienne, qui d'ailleurs n'est pas précisément mon objet. Je sais combien le goût pour cette sorte d'étoffe en a répandu l'usage, & que le mécanisme de l'impression pourroit n'être pas sans intérêt ; mais il est si simple, qu'il suffit, sans être initié dans l'Art, d'y jeter un coup d'œil pour le comprendre : ainsi, j'entre en matiere.

---

(1) Au moment où je livre ces procédés à l'impression, j'apprends la mort presque subite & trop prématurée de M. de la Follie. Quelque raison que j'aye de présumer que l'amitié reste dépositaire de plusieurs de ses idées, les Arts n'en doivent pas moins des pleurs à sa cendre, & ce n'est qu'en habit de deuil qu'ils peuvent jeter des fleurs sur son tombeau.

PROCÉDÉS

DE L'IMPRESSION

SUR TOILES,

ET SUR

VELOURS DE COTON.

PREMIER ROUGE. N°. 1.

CENT pots, mesure de Paris, d'eau de riviere. Vingt pots de vinaigre blanc.

Drogues.

Cent livres d'alun de Rome.
Quarante de sel de Saturne.
Six de soude d'Alicante.
Six d'arsenic blanc.
Six de sel ammoniac.
Huit de potasse.
Six de craie commune.
Trois de fernambouc moulu.

Pulvériser l'alun, le sel de Saturne & la soude; les mettre dans une barrique de la contenance de cent soixante pots; faire chauffer le vinaigre presque jusqu'au bouillon; y délayer la craie pulvérisée peu à peu & par petites parties, à cause de la grande effervescence que produit ce mélange; verser à chaque fois cette combinaison dans la barrique, sur l'alun, le sel de Saturne & la soude; toujours remuer & bien agiter ces drogues avec une spatule ou un rable, pour les faire fondre.

Cela fait, y verser quarante pots d'eau tiede, & agiter jusqu'à ce qu'il n'y ait plus de fermentation; y en ajouter alors trente-cinq pots également d'eau tiede, & cinq autres contenant la dissolution de la potasse, qu'il faut verser peu à peu.

Terminer le bain de la cuve par la décoction du bois de fernambouc, faite dans trente pots d'eau réduits à vingt, après l'avoir passée au tamis, & y avoir fait fondre le sel ammoniac & l'arsenic.

Cette décoction de bois, chargée de la dissolution du sel ammoniac & de l'arsenic, doit se mêler au bain lors de la fermentation que la potasse y excite. Remuer le tout pendant une heure; laisser refroidir; le bain est d'un rouge clair. Lorsqu'il est transparent, on peut l'employer; trouble, il rendroit la nuance terne au garançage.

Gommage du Rouge clair, violet, marron, cramoisi, lilas, &c.

Verser peu à peu un pot de bain du mordant ci-dessus, sur une livre un quart de gomme arabique pilée, passée au tamis, & mise dans un vase. Lorsque la gomme est dissoute, on peut se servir du bain.

Premier Rouge, ou Rouge le plus foncé pour Calencar.

Verser sur trois pots du bain n°. 1, une pinte de bain de ferraille; ou mieux encore, pour un Rouge plus vif, y dissoudre une once de sel ammoniac; délayer vingt-quatre onces d'amidon dans un chaudron, avec un peu du bain précédent: lorsqu'il est bien délayé, y ajouter le restant des trois pots de bain, & faire bouillir jusqu'à ce que l'amidon soit cuit. Cette composition peut être employée aussi-tôt qu'elle est refroidie.

Second Rouge pour Calencar.

Faire fondre trois onces de sel de Saturne dans une pinte d'eau; y ajouter deux livres & demie de gomme arabique tamisée; bien délayer le tout; verser dessus trois pintes du bain n°. 1: on peut alors l'employer. L'opération se fait à froid, comme pour toutes les couleurs qu'on épaissit à la gomme.

Troisieme Rouge pour Calencar.

Trois onces de sel de Saturne.
Trois pots d'eau de riviere.
Cinq livres de gomme arabique.
Un pot du bain n°. 1.

Le tout bien mêlé; la gomme pulvérisée avant, passée au tamis, & dissoute peu à peu dans de l'eau pure, ou dans le bain de Rouge.

Gros Rouge pour le fond double Rouge.

Premier Rouge.

Verser dans une terrine trois pots du bain n°. 1, sur deux onces de sel de Saturne; faire ensuite bouillir dans ce bain une livre & demie d'amidon. Il faut toujours huit onces d'amidon par pot de bain pour toutes les couleurs qu'on épaissit ainsi, & une livre un quart de gomme arabique pour celles à la gomme. Cependant si la composition est trop épaisse, on l'éclaircit avec un peu de bain du n°. 1 ; si au contraire, on y ajoute de la gomme. A l'égard de celles à l'amidon, on les fait recuire dans le dernier cas ; & dans le premier on y ajoute un peu du bain n°. 1, dans le chassis, lors du travail.

Deuxieme Rouge pour le fond du Rouge précédent.

Faire dissoudre à froid trois onces de sel de Saturne dans trois pots d'eau ; y ajouter ensuite sept livres de gomme arabique ; & lorsqu'elle est dissoute, y verser trois pots du bain n°. 1.

Rouges pour Indienne à deux Rouges, fond blanc, ou fond de couleur.

Premier Rouge.

Amidonner deux pots du bain n°. 1.

Deuxieme Rouge.

Dissoudre trois onces de sel de Saturne dans quatre pots & demi d'eau ; verser dedans sept livres & demie de gomme arabique ; y ajouter un pot & demi du bain n°. 1.

Rouge pour fond seul.

Mettre deux onces de sel de Saturne dans quatre pots du bain n°. 1 ; y ajouter cinq livres de gomme.

Rouge tirant sur le Cramoisi.

Gommer huit parties du bain de Rouge n°. 1 ; mêler avec une partie du bain de violet ci-après, n°. 1.

SECOND ROUGE, N°. 2.

Cent pots d'eau.
Cent livres d'alun de Rome.
Trente livres de sel de Saturne.
Cinq livres de potasse.
Quatre livres de soude d'Alicante.
Trois livres de fernambouc rapé.
Cinq livres de sel ammoniac.
Cinq livres d'arsenic blanc.

Mettre dans un tonneau de la contenance de cent cinquante pots l'alun pulvérisé ; verser dessus quarante pots d'eau très-chaude & non bouillante ; remuer jusqu'à ce que l'alun soit dissous ; ajouter le sel de Saturne, & remuer pendant sept à huit minutes ; verser encore quarante pots d'eau chaude, & remuer aussi long-temps que la premiere fois ; mettre la soude ; remuer un quart d'heure ; ajouter peu à peu, & à différentes reprises, la potasse dissoute dans deux pots d'eau ; terminer le bain par la décoction du fernambouc passée au tamis, réduite de vingt-quatre pots à dix-huit, dans laquelle, encore chaude, on a fait dissoudre le sel ammoniac & l'arsenic. Cette décoction de bois doit être versée dans le tonneau pendant la fermentation que la potasse y a établie ; remuer le tout pendant une heure : le bain refroidi & clair, on peut s'en servir, ayant l'attention de ne le point troubler ; le gommant ensuite, ou l'amidonnant suivant le besoin.

Les couleurs à l'amidon sont plus foncées, & moins vives que celles à la gomme, ce qui provient de la cuisson nécessaire dans le premier cas. On n'emploie que la gomme dans les rouges de nuances claires.

Le Rouge n°. 1 est préférable, en ce qu'il a plus de fond, & qu'il est plus susceptible de dégradation.

VIOLET, N°. 1.

Faire bouillir, dans huit pots d'un fort bain de ferraille,

Six livres de ferraille rouillée,
Huit onces de sel gemme,
Quatre onces de vert-de-gris,
Trois onces de sel de salpêtre crud,

jusqu'à ce que le bain soit réduit à six pots ; le tirer au clair, & le laisser refroidir.

Faire dissoudre six onces de sel de Saturne dans une petite partie du bain ci-dessus ; en verser le reste sur cette dissolution ; y ajouter dix-huit pots d'eau froide : le bain est fini.

Pour fond de Violet plein.

Prendre trois pots du bain ci-dessus, & les épaissir à froid, avec trois liv. trois quarts de gomme arabique.

Violet pour fond sur mosaïque noire.

Gommer un mélange de trois parties du bain ci-dessus, n°. 1, & d'une partie d'eau pure.

Petit Violet pour rentrer.

Gommer deux parties de bain & deux parties d'eau. On ne sauroit épaissir le Violet à l'amidon.

FONDS DES COULEURS qui se tirent du Violet, du Rouge, ainsi que du Noir, &c.

Fond Café.

Dix pots de bain de ferraille le plus vieux possible.
Deux pots de bain de Rouge, n°. 1.
Quatre pots d'eau claire.

Gommer, suivant la pratique, la quantité nécessaire.

Fond Marron.

Neuf pots de bain de Violet, n°. 1.
Six pots de bain Rouge, n°. 1.
Quatre livres & demie de couperose verte, calcinée au blanc.

Remuer le tout à froid, jusqu'à ce que la couperose soit fondue ; gommer cette composition.

On calcine la couperose à feu nu, très-ardent, dans une poële de fer ; on la remue ; on la détache autant qu'il est possible avec une spatule de fer ; quand elle est en pierre & blanchie, on la retire, on la fait piler & tamiser.

Fond Maure-doré.

Huit pots de bain de violet n°. 1.
Six pots de bain rouge, n°. 1.
Gommer.

Fond Lilas foncé.

Prendre un pot de bain de violet, n°. 1 ; un pot de bain de second rouge, pour fond double rouge, & gommer.

Lilas clair.

Une partie de bain de violet, n°. 1 ; trois parties du second rouge, & gommer.

NOIR.

Bain qui sert au noir garance, au jaune à la rouille, &c.

Remplir de fort vinaigre blanc une barrique garnie de ferraille jusqu'au haut, & de quatre pots & demi de farine de seigle; er soutirer cinq à six seaux, trois fois par jour, pendant quinze jours de suite, & les reverser dessus à chaque fois; laisser reposer le tout durant quinze jours, trois semaines, ou un mois; transvaser le bain dans une autre barrique, & s'en servir comme il suit (1).

Noir à garancer.

Mettre dans un pot de bain ci-dessus, une once de vitriol de Mars, & demi-once de vitriol de Vénus; les faire dissoudre sur le feu sans bouillir; épaissir le bain avec huit onces d'amidon, mais avant de le remettre sur le feu, & lorsqu'il est refroidi, pour la facilité de le délayer convenablement.

Les couleurs suivantes ne se garancent pas.

COULEURS AU PINCEAU OU A LA PLANCHE.

Jaune foncé à la rouille.

Faire dissoudre sur le feu, dans un pot de bain de noir, trois onces de vitriol de Mars, & un quart d'once de vert-de-gris; amidonner la composition lorsqu'elle est froide.

Jaune clair à la rouille, bon pour vert, appliqué sur bleu.

Trois livres de vitriol de Mars.
Une demi-once de vitriol de Vénus.
Dissous sur le feu, sans bouillir, dans un pot & demi d'eau; laisser reposer le bain pendant deux ou trois jours; l'épaissir à l'amidon, si c'est pour imprimer à la planche; ou à la gomme, si c'est pour l'employer au pinceau.

Bleu solide au pinceau ou à la planche, avec le canevas.

Faire bouillir à petit bouillon, pendant un quart-d'heure, dans un chaudron de cuivre, douze pots d'eau de riviere, avec huit livres de potasse, & deux livres d'indigo cuivré mis en poudre; retirer le chaudron du feu. Ayant pulvérisé & fait éteindre dans une terrine trois livres de chaux vive, dans deux pots d'eau, verser cette eau peu à peu dans le chaudron, en remuant continuellement avec une spatule; remettre le chaudron sur un feu doux, pour que la chaleur se maintienne dans l'état où elle se trouve après y avoir mis la chaux éteinte; l'y laisser un quart-d'heure; y ajouter une livre & demie d'arsenic rouge en poudre, remuant toujours, & maintenant la chaleur au même degré, pendant encore une demi-heure, après laquelle il faut mettre une nouvelle livre & demie d'arsenic rouge en poudre, remuant également, & avec la même chaleur, pendant un demi-quart-d'heure.

Retirer de nouveau la composition de dessus le feu; en verser six pots sur douze livres de gomme pilée; la remuer jusqu'à ce qu'elle soit froide. La couleur sera d'un beau jaune verdâtre, & peut ainsi s'employer.

COULEURS AU PINCEAU OU A LA PLANCHE, QUI, SANS ÊTRE TRÈS-SOLIDES, S'EMPLOIENT DANS DIVERSES FABRIQUES.

Vert.

Six livres de gaude, dont les racines sont soustraites.
Deux livres de bois d'Inde haché.
Faire bouillir dans dix pots d'eau jusqu'à la réduction de trois pots; tirer ce bain au clair; remettre cinq pots d'eau sur le marc; les faire bouillir jusqu'à la réduction de deux pots, qu'il faut encore tirer au clair, & les joindre aux trois précédens; délayer une once de vert-de-gris dans une petite partie du bain, & la reverser sur le total.

Amidonner ce dont on en a besoin, à raison de sept onces d'amidon par pot de bain. Si l'on veut une couleur plus vive, plus claire, soit qu'on la gomme ou qu'on l'amidonne, & dans le dernier cas il faut attendre que la composition soit refroidie, on y met un quart ou un tiers d'once d'huile de vitriol par pot, ou jusqu'à ce que la couleur, qui est verdâtre, soit devenue chamois foncé. La couleur employée ainsi, donne au lavage sa teinte verte.

Bleu.

Faire bouillir une livre de bois d'Inde haché, dans trois pots d'eau, jusqu'à réduction de moitié; tirer le bain au clair; y ajouter deux onces de vitriol de Vénus pilé: lorsque le vitriol est dissous & que le bain est froid, l'amidonner ou le gommer, & y mettre l'huile de vitriol comme au vert ci-dessus.

Jaune.

Faire bouillir une livre de graine d'Avignon & demi-livre de gaude, dans trois pots d'eau, jusqu'à réduction de moitié; tirer le clair; remettre trois pintes d'eau sur le marc; les faire réduire à une pinte: remettre sur le feu, & sans marc, les quatre pintes de liqueur, & les faire réduire à trois pintes; les retirer du feu; y mettre dissoudre six onces d'alun de Rome pilé, une once de sel ammoniac, environ une demi-once de vert-de-gris. Le bain refroidi, l'amidonner ou le gommer, & s'en servir.

Rouge.

Faire bouillir & réduire à moitié un pot d'eau dans lequel on a mis deux gros de cochenille; tirer le bain au clair; mettre sur le marc demi-livre de bois de fernambouc, & deux pots d'eau, qu'on fait réduire à une pinte: mêler les deux bains; faire chauffer sans bouillir; les retirer du feu; y mettre demi-livre d'alun de Rome, deux onces de sel de Saturne, une once de crême de tartre, demi-once de sel ammoniac, demi-once de potée d'étain, & demi-once de potasse: froid, l'amidonner ou le gommer.

AUTRES MORDANS SOLIDES, ET POUR ÊTRE GARANCÉS.

Violet pour fond, ou pour rentrée.

Mettre sur le feu, dans trois pots de bain de ferraille, une livre de sel gemme, dix onces de sel ammoniac; faire jeter un bouillon, pen-

---

(1) Il faut laver la ferraille après chaque opération, l'étendre à l'air sur des planches, & l'arroser de temps en temps, pour la faire rouiller de nouveau, & s'en reservir.

dant

dant lequel on écume ; retirer le bain du feu, & le
déposer dans un vase.]
Faire bouillir six onces de graine de kermès dans
huit pots d'eau , pendant dix minutes ; mettre le
bain dans un vase.

VIOLET, N°. 2.

Pour fond plein , ou sans mosaïque dessous.

Un pot de bain de noir.
Trois pintes de bain de kermès.
Mêler ensemble, & gommer à l'ordinaire.

Violet pour rentrer.

Un pot de bain de noir.
Deux pots & demi de bain de kermès.
Mêler & gommer.

ROUGE DE FOND ET POUR MOUCHOIRS, N°. 3 (1).

Quatre-vingt pots d'eau.
Vingt pots de vinaigre.
Cent livres d'alun de Rome.
Vingt-cinq livres de sel de Saturne.
Cinq livres de soude d'Alicante.
Six livres d'orpin ou orpiment.
Quatre livres de sel de salpêtre cru.
Six livres de craie dure pulvérisée.
Cinq livres de tartre blanc.
Six livres de potasse.
Trois livres de fernambouc rapé.
Faire bouillir le fernambouc dans vingt-cinq
pots d'eau, & les réduire à vingt pots.
Mettre dans une barrique , de la contenance de
cent cinquante pots :
Cent livres d'alun de Rome.
Vingt-cinq livres de sel de Saturne.
Cinq livres de soude d'Alicante.
Six livres d'orpin.
Quatre livres de salpêtre cru.
Faire chauffer les vingt pots de vinaigre très-
chaud & non bouillant ; en verser deux pots sur
une livre de craie pulvérisée & mise dans un seau ;
remuer avec une spatule ; & quand la fermentation
est poussée au point d'élever la liqueur jusqu'au
bord du seau, la jeter dans la barrique, & remuer
jusqu'à la fin de l'opération, qui consiste à détremper ainsi toute la craie avec le vinaigre par
petites parties , & à jeter l'un & l'autre dans le
tonneau, jusqu'à ce qu'enfin la fermentation soit
presque cessée ; ce qui peut durer de demi-heure à
trois quarts-d'heure.
Ajouter au bain, qui est dans la barrique, quarante pots d'eau tiede ; le tartre ensuite ; remuer
pendant une demi-heure ; autres trente-six pots
d'eau tiede , compris les vingt pots de décoction
de fernambouc mêlés ensemble. Si le bain de fernambouc étoit plus chaud , il y auroit un plus
grand nombre de particules de bois qui y seroient
éparses ; il s'éclairciroit plus difficilement, & il y
auroit trop de marc.
Faire fondre les six livres de potasse dans quatre
pots d'eau froide ; les verser à plusieurs reprises dans
la barrique , qu'on remue depuis que le vinaigre
est dedans, & qu'on continue de remuer jusqu'à ce
que la fermentation soit finie ; y mettre alors la dissolution d'étain.

Dissolution de l'étain.

Verser, quelques jours avant de s'en servir , dans
une bouteille, sur douze onces d'étain filé , une livre
d'eau forte, étendue dans deux livres d'eau de riviere ; bien boucher la bouteille.
Prendre le clair de la liqueur, le verser dans le
bain de rouge, qu'on remue encore une demi-
heure ; le laisser reposer, & s'en servir , toujours
bien éclairci, parce que le marc mêlé altéreroit la
couleur.
Lorsque le bain de la barrique tend à sa fin, on
en prend ce qu'on peut sans remuer le marc ; on
le met dans un vase ; on le laisse reposer , jusqu'à
ce qu'on en puisse tirer le clair ; c'est ainsi qu'on
en use à tous les bains de rouge , rejetant toujours
le marc.

TRÈS-BEAU NOIR POUR IMPRESSION ET POUR FOND,

sans être assujetti à le garancer.

Mettre dans un chaudron , avec dix pots de
bain de ferraille , le plus vieux & le plus fort
possible :
Dix onces de vitriol de Mars.
Dix   de tartre rouge.
Cinq   de vert-de-gris.
Cinq   de vitriol de Vénus.
Faire jeter un bouillon à ce nouveau bain , le
laisser refroidir , l'amidonner ; & toujours froid, y
ajouter deux onces d'eau forte , qu'il faut bien
mêler. La couleur en prend un jaune grossier : on
peut l'employer ainsi.

APPRÊTS DES TOILES IMPRIMÉES.

Mettre dans une chaudiere contenant trois cent
trente pots d'eau ou six cent soixante pintes de Paris,
un seau de bouse de vache ; la bien délayer dans la
chaudiere , qu'on fait chauffer à y pouvoir tenir
les pieces au large avec la main : alors prendre
dix pieces de quatorze à quinze aunes , imprimées
& seches de trois à quatre jours ; les mettre dans
la chaudiere en les enfonçant promptement, parce
que la couleur d'impression couleroit si les pieces
restoient sur la surface de l'eau : leur donner quatre
bouts ; les lever, les laver & battre deux fois en
riviere.
Remettre un demi-seau de bouse de vache dans
la même chaudiere , & y passer dix autres pieces.
Lorsque les fonds noirs sont bien chargés en
couleur , on renouvelle la bouse de vache aux
vingt pieces ; mais on s'en tient à la premiere ,
quand ce ne sont que des fleurs ou des fonds
légers.
Les pieces bien battues & tirées à l'eau à deux fois
ou à quatre , si elles ont subi deux bouses , on les
passe en un bain, comme il suit.

Suite de Bains.

Faire bouillir pendant deux heures & demie à
trois heures , dans une chaudiere , quinze livres de
bois de campêche rapé ou haché, & mis dans un
sac ; laisser refroidir ; remplir la chaudiere , ou y
mettre assez d'eau pour qu'il y ait au moins trente-
deux pintes de bain par piece ; six cent quarante
pour vingt. Prendre les mêmes vingt pieces qui
ont passé en bouse ; les jeter dans la chaudiere,
après y avoir mis quelques livres de son (2) , &
l'avoir bien pallié ; les enfoncer au plus vite ; leur
donner quatre bouts : le noir doit être monté.
Lever les pieces en large sur le tourniquet ; ajouter au bain trois quarts de livre de jus de citron ;
remettre le feu sous la chaudiere ; abattre les pieces,

---

(1) Il ne peut servir que pour le Rouge ordinaire. Le Rouge n°. 1 est le meilleur.
(2) Le son empêche la teinture de bois de s'attacher aux parties non colorées.

en tournant & les tenant au large, pendant huit à dix minutes, le bain toujours bouillant.

Relever les pieces; les laver & battre en riviere. La chaudiere, nette, la remplir d'eau; mettre le feu; &, lorsqu'elle est prête à bouillir, y mettre quelques livres de fon; y repasser dix des pieces lavées & battues; leur donner trois ou quatre bouts, l'eau toujours bouillante; les lever, laver & battre encore en riviere.

Remplir la chaudiere dans laquelle reste l'ancien bain; y ajouter du fon lorsqu'elle est prête à bouillir; y abattre & travailler de même les dix autres pieces.

Si les fonds ne font pas assez blancs, on remet les toiles deux jours sur le pré, ou, si le temps ne le permet pas, on les repasse au fon.

Les toiles pour cette impression, doivent être préparées comme pour les garancer; ce qui se fait, dans l'un & l'autre cas, comme il suit.

Autres Bains préparatoires.

Les toiles mouillées en riviere ou autrement, mais bien pénétrées, les ranger dans une cuve par lits de pieces *faudées*, légérement & séparément. Le fond de la cuve garni, répandre du fon fur les toiles à raison d'une poignée & demie par piece. Passer à un second lit de pieces & de fon; & ainsi de suite, jufqu'à ce que toutes les toiles à préparer foient dans la cuve.

Obferver de verfer de l'eau tiede fur chaque deuxieme ou troifieme lit de pieces, pour qu'elles trempent bien; & lorfqu'elles font toutes dans la cuve, mettre deffus des planches, les bien charger, & laiffer ainfi les toiles dans ce bain, ferrées & en repos, pendant cinq à fix jours. Les laver enfuite & battre deux fois; les mettre fur le pré fans les arrofer pendant trois ou quatre jours, puis les laver en riviere.

Mettre dans une autre cuve, à moitié d'eau froide, une fuffifante quantité d'huile de vitriol pour que fa faveur acidulée pique un peu la langue; y ajouter la diffolution de fel de Saturne, faite à part, dans l'eau froide, à raifon de deux livres pour cinquante pieces de toiles: l'eau devient blanche; pallier; abattre les pieces au tourniquet; les enfoncer à mefure, pour qu'elles trempent bien toutes également; les laiffer ainfi tremper pendant trois ou quatre jours; les laver & battre deux fois; les fécher & cylindrer: elles font en état d'être imprimées.

Paffage en boufe avant le garançage, en une ou plufieurs couleurs.

Délayer un feau & demi de boufe de vache dans une chaudiere de cinquante-cinq feaux d'eau, pour vingt pieces de quatorze à quinze aunes.

Procéder comme il a été dit ci-devant, avec la différence de pouffer le feu de maniere qu'on ne puiffe plus tenir la main dans le bain pendant le dernier bout. Lever les pieces fur le tourniquet; les laver & battre deux fois & même trois, pour qu'il n'y reste ni boufe, ni gomme; les garancer alors, fi ce font des fonds blancs; mais renouveller la boufe, fi ce font des fonds de couleur, parce que la premiere ne fuffit pas pour ôter la gomme, plus abondante en ceux-ci qu'aux précedens.

Garançage.

Mettre dans une chaudiere, contenant fix cent foixante pintes d'eau, trente-deux livres de belle garance, bien égrappée ou divifée à la main, & demi-livre de noix de galle blanche, pilée & tamifée, pour

vingt pieces de toiles fonds blancs, & autant de couleur fur ce nombre qu'il est poffible d'en avoir; pallier le bain, & y donner aux pieces deux bouts à froid. Mettre le feu fous la chaudiere; travailler les toiles fur le tourniquet; pouffer le feu jufqu'à ce que le bain foit tiede; le conferver en cet état pendant trois quarts-d'heure; c'est-à-dire qu'après une demi-heure, on animera le feu, travaillant toujours l'étoffe fur le tourniquet, la maintenant au large, jufqu'à ce qu'on ne puiffe plus le faire avec la main. Ouvrir le fourneau pour s'en tenir à ce degré de chaleur pendant une demi-heure, tenant alors les pieces au large avec le lifoir.

Pouffer encore le feu pendant un quart-d'heure; arriver au bouillon, & y tenir l'étoffe pendant cinq à fix minutes, fi le bain n'est pas tourné, ce qu'indiqueroit fa couleur d'un jaune noirâtre; & ce qu'annonce encore une écume auffi volumineufe que celle qui fe forme deffus le bain lorfque les pieces y font & qu'on commence à le chauffer, mais d'une couleur terne & défagréable à l'œil. Il faudroit, dans ce cas, lever les pieces fur le champ; les couleurs perdroient leur éclat.

Jeter les toiles à l'eau après le garançage; les laver & battre, & les mettre fur le pré. Il faut tenir les pieces au bouillon jufqu'à dix à douze minutes, fi la couleur n'est pas affez montée, & que le bain ne foit pas tourné.

Lorfqu'il s'en trouve encore de nuances trop foibles, on les met de côté, pour les garancer de nouveau. Mais au lieu de trente-deux livres de garance, on n'en emploie que douze livres, & les pieces dans la chaudiere, on pouffe le feu deffous par gradation & fans interruption jufqu'au bouillon.

Est-on preffé d'obtenir le blanc des toiles? on peut l'accélerer de trois à quatre jours, en les paffant au fon, les lavant & les battant enfuite.

Garançage des fonds de couleur.

Dans une égale quantité d'eau que pour les fonds blancs, & pour vingt pieces, employer vingt livres de garance, & trois quarts de livre de noix de galle blanche, pilée & tamifée; pallier; donner trois à quatre bouts à froid; faire tiédir; travailler demi-heure, tenant toujours l'étoffe au large; faire chauffer à n'y pouvoir tenir la main; donner encore deux bouts.

Si l'on diftingue les diverfes couleurs de l'étoffe, il la faut lever fur le tourniquet, la laver & battre une fois à la riviere. Il faut vuider & nettoyer la chaudiere; y mettre, avec la même quantité d'eau que ci-devant, trente-fix livres de garance, & demi-livre de noix de galle blanche.

Traiter ce garançage comme celui des fonds blancs; & fupprimer la noix de galle pour les fonds lilas & violets, qu'elle ternit; mettre cinq à fix livres de garance de plus pour ces fonds que pour les autres; & les garancer également à deux reprifes.

Obfervations fur la maniere d'appliquer les Jaunes, Bleus & Verts, à la planche ou au pinceau.

Il est toujours mieux, lorfque cela est poffible, d'imprimer le bleu, que de le pinceauter. L'une ou l'autre opération exige les toiles blanchies fur le pré, & lavées proprement. Imprimées ou pinceautées, & feches, jeter les toiles à l'eau; les y enfoncer; leur donner deux ou trois rinçages; les laiffer tremper une heure ou une heure & demie; les rincer encore deux ou trois fois, & les faire fécher.

Imprimer enfuite avec la couleur jaune, & à la planche ou *rentrée*, qui contient toutes les parties qui doivent être jaunes ou vertes; les blanches reftent jaunes, & les bleues deviennent vertes. Laiffer fécher les toiles pendant deux ou trois jours ; les laver enfuite comme pour le bleu ; les fécher, cylindrer, liffer & plier. Veut-on leur donner de l'apprêt ? il faut, avant de les cylindrer, les paffer dans une eau d'amidon, où l'on a délayé du bleu d'azur.

Mettre fur 10 pots d'eau 3 livres du plus bel amidon ; y ajouter quatre onces de cire vierge blanche, & quatre onces de favon blanc ; faire cuire le tout enfemble. Puis dans un baquet placé au deffous d'une mécanique à tordre, ajouter à deux feaux d'eau claire, trois pintes d'eau d'amidon ; y paffer trois pieces ; les tordre à deux ou trois reprifes, en rapportant dans le milieu les parties qui précédemment étoient au bout ; & plus ou moins fort, fuivant la quantité d'apprêt qu'on veut leur donner ; toujours plus aux toiles les plus légeres ; celles qui ne le font pas n'en ont pas befoin.

Toutes les couleurs à appliquer l'une fur l'autre exigent quelques jours d'intervalle. Il faut toujours que la précédente foit feche, pour qu'elle ne foit pas fujette à couler par l'humidité de celle qu'on imprime actuellement ; tels les deux autres rouges, les violets ou doubles fonds de l'une & l'autre couleur. Ceci feulement pour les couleurs qui s'appliquent l'une fur l'autre, comme on vient de le dire ; mais les deffins, dont les fonds font d'une couleur, & les tiges ou fleurs doivent être de l'autre, peuvent s'imprimer de fuite, au moyen de deux chaffis.

Il eft peu de Colorifte dans les manufactures d'indiennes qui fachent parfaitement le procédé du bleu Anglois : le voici. Je le donne, comme toutes les autres couleurs, d'après l'expérience, & certain de leur bel effet.

Bleu Anglois.

Dans un pôt de terre bien verniffé, faire bouillir une livre de bonne potaffe, quatre onces d'orpiment, avec trois pots d'eau. Clarifier cette leffive ; y laiffer tremper, & broyer avec de l'indigo, auquel, mis en bouillie, on donne avec l'amidon la confiftance propre à en imprimer.

L'impreffion faite, & la toile bien feche, la paffer fur le moulin, rapidement & fucceffivement, & fans interruption, dans trois bains.

Premier Bain.

Faire éteindre cinquante livres de chaux dans vingt-cinq feaux d'eau de riviere. Décanter cette eau dès qu'elle eft clarifiée fur fon marc.

Second Bain.

Faire bouillir pendant une heure vingt livres de la meilleure potaffe dans vingt-cinq feaux d'eau, en la remuant & l'écumant de temps en temps. Laiffer dépofer, & tirer au clair. Il en eft qui, n'ayant point employé l'orpiment dans la leffive, le mettent dans le fecond bain ; mais alors, dans un fac de forte toile, fufpendu dans la chaudiere, auffi long-temps qu'elle bout ; il en faut une plus grande quantité, jufqu'à deux livres.

Troifieme Bain.

Mettre, en volume égal aux bains précédens, quatre parties d'eau de riviere, & une partie d'efprit de vitriol.

L'étoffe, dans le premier bain où on la travaillera un quart-d'heure, fubira un changement peu fenfible. Elle acquerra, dans le même intervalle de temps, dans le fecond bain, une couleur de gris fale. On la travaille fur le troifieme bain jufqu'à ce que le fond foit blanc, & le bleu net & vif. Bien laver la toile : le bleu eft très-folide.

On obfervera de jeter fes bains dans de grands vafes, où l'étoffe puiffe être travaillée au large & à l'aife avec le moulinet. Le paffage fubit d'un bain à l'autre, & du dernier au lavage, eft très-important. Cette couleur n'eft affurée que par le dernier bain. On ne l'applique que fur des toiles fines, & que pour des deffins très-fins, tous ombrés, parce qu'on n'y met jamais qu'une couleur.

Il eft effentiel que l'indigo foit le plus divifé poffible. Les premiers bains peuvent fervir autant qu'on a à travailler deffus ; mais il faut à chaque fois renforcer le dernier, à raifon de ce qu'il s'eft affoibli.

J'ai dit dans l'*Art de préparer & d'imprimer les Étoffes en laine*, que tous les procédés d'impreffion à l'huile qui y font décrits, étoient également applicables fur le Velours de coton, fur la toile & fur la foie ; je le répete, pour les indiquer à ceux qui n'auroient pas lu l'Art que je viens de citer, & à qui, dans ce cas-ci, l'application de ces procédés pourroit être utile.

Quoiqu'on ait beaucoup écrit, plus encore fur l'impreffion que fur la teinture des matieres végétales, je ne trouve pas qu'on ait rien dit de l'impreffion à l'huile, qui donne lieu de foupçonner la vafte carriere dont les procédés que je publie ouvrent l'entrée.

L'Encyclopédie parle de l'impreffion des toiles avec une légéreté bien peu digne de ce grand ouvrage : j'ai un Traité tout entier de ce bel Art ; j'ai lu les nombreufes recettes des *fecrets de la Nature & des Arts*, de l'*Encyclopédie pratique*, &c. imprimée à Liége ; des *Etrennes de Minerve*, & d'une infinité d'autres recueils tant François qu'Italiens ; je fuis convaincu qu'ils en renferment d'excellentes ; mais il en eft tant dans chacun, qui m'ont prouvé que leurs Auteurs, peu ou point du tout Artiftes, fe font bien plus attachés à les accroître, qu'à s'affurer des faits qu'ils contiennent, que j'ai cru en devoir abandonner le triage à d'autres, & m'en tenir ici à ceux conftatés par ma propre expérience.

Il eft un procédé à ajouter à ceux donnés dans l'Art d'imprimer les Etoffes de laine, de faire l'*huile graffe* ou *ficcative*, que j'ai réfervé pour l'Art, plus délicat, & qui demande plus de perfection, d'imprimer les toiles.

Tout le monde fait que le plomb, quel qu'en foit la préparation, porte fa propriété naturelle de noircir dans toutes les compofitions où il entre, & prefque toujours en raifon de fa quantité. Sans doute la terre d'ombre, matiere ochreufe, a concouru à faire pouffer ainfi les tableaux des Peintres Italiens ; mais le plomb y a fa part, comme dans les autres, & je ne fais aucun doute qu'à la longue toutes les peintures ne foient plus ou moins altérées par l'influence de ce métal.

On prétend, & cette prétention eft fondée fur une tradition foigneufement & fecretement confervée par un fi petit nombre de perfonnes, qu'elle n'a été, que je fache, rendu publique par aucune. On prétend, dis-je, que les peintures de Rubens & de Van-Dick ne doivent la confervation conftante de la vivacité & de la fraîcheur du coloris, qu'à l'entiere privation du plomb dans la préparation des huiles graffes ou ficcatives, auxquelles ces grands Coloriftes fubftituoient la réfine copale ; en voici le *procédé* : Faites fondre enfemble, doucement, à fec & à feu nu, dans une cuiller de fer, une once de colophane blanche, & trois onces de copale, pour une livre d'huile de noix bien claire ;

versez ces matieres fondues sur un marbre froid : lorsqu'elles sont refroidies , pulvérisez-les grossiérement , & jetez-les par petites parties dans l'huile de noix bouillante; remuez bien , & tenez le pot au bain-marie , jusqu'à parfaite dissolution ; clarifiez l'huile au soleil dans de longues fioles.

La maniere d'épurer & de clarifier les huiles au soleil , en y mêlant quelque préparation de plomb, est très-usitée parmi les Peintres ; mais il est à observer qu'il faut toujours alors que le vase soit débouché ; sans cela l'huile ne se clarifieroit pas.

De quelques Ustensiles , & Notions générales sur leur usage.

Le chassis d'impression pour les toiles est le même que pour les étoffes de laine , décrit dans l'Art de l'Imprimeur d'étoffes , avec la différence qu'on emploie la peau de mouton à celui-ci , & que le drap convient mieux pour l'autre. Il faut que ce soit un vieux drap bien ras , qui ait le moins de duvet possible ; ou s'il n'étoit pas enlevé par un long-usage , on le fait à la pierre de ponce ou on le graisse en dessous , du côté de la gomme , avec du vieux oing , ou l'on y met une toile de crin ; on y met même une peau de chamois , pour le bleu Anglois dont on vient de donner le procédé.

Au lieu d'une gomme quelconque , la plus commune , qu'on met sous le chassis , toujours tenue molle & élastique , on peut employer avec succès de la graine de lin bouillie , & rendue en consistance propre au même usage.

Je crois inutile , comme j'en ai prévenu , de donner le dessin des tables d'impression , des planches & autres ustensiles nécessaires à cet Art , & connu de beaucoup de monde. L'essentiel étoient les procédés, qui au contraire sont connus de peu de personnes, de celles même qui cherchent à les mettre en pratique.

Cependant je donnerai quelques notions qui faciliteront & assureront cette pratique. La gravure des planches est la même que celle des planches pour la gravure en bois sur papier. Le poirier le plus sec , est le seul bois qui y convienne; si ce n'est le buis , qu'on emploie dans les ouvrages fins, de traits fort déliés , mais qui est beaucoup plus cher. Ces planches qu'on applique à la main sur la toile, en frappant dessus avec un maillet de bois , ont des points de raccord aux quatre coins, avec la même planche , si le dessin est fini sur chacune, & que ce ne soit qu'une répétition du même ; ou avec une autre planche , si le dessin qu'elle porte est une suite du dessin de la premiere.

Les pointes qui suppléent quelquefois à la gravure en bois lorsque le dessin est très-menuisé , ou celles qui garnissent des planches entieres & dont tout le dessin est formé , sont toujours en cuivre. Elles se redressent séparément & s'égalisent ensemble , à la lime, la regle à la main ; & non en remplissant la planche de cire , comme on l'a publié dans l'Encyclopédie, avec un tas de mauvaise recettes , & de pratiques impraticables , ou sujettes à mille inconvéniens.

On donnera moins de consistance à la composition ou au mordant , pour être employé à la plume ou au pinceau , qu'à la planche. Ce mordant colore très-peu , différemment cependant , suivant les couleurs qu'on veut obtenir par le garançage ou autres bains.

On fait le bleu & blanc en réservant les parties qui doivent rester blanches. Veut-on deux bleus , & plus ? on en réserve une partie du premier ; on reteint ; on reserve une troisieme fois : on reteint encore.

Peut-être le procédé suivant de la reserve est-il trop compliqué; peut-être en est-il ainsi de bien d'autres ; je vais cependant le décrire , puisqu'il est d'usage dans plusieurs manufactures d'indienne : j'y ajouterai celui qui est pratiqué dans les manufactures de Rouen.

Composition & application de la réserve.

Faire dissoudre , d'une part, deux livres de gomme dans deux pots d'eau; & de l'autre , six onces d'alun, dans autant d'eau. Ajouter à ce dernier bain , une livre & demie de vert-de-gris , & une livre de vitriol de Chypre , pilés & délayés. Mêler ces deux bains , & s'en servir à pétrir & délayer huit livres de terre à pipe , jusqu'au point de la rendre en consistance propre à imprimer. On broie sur le marbre cette pâte liquide , après y avoir ajouté une cuillerée d'huile de vitriol , & deux cuillerées d'essence de térébenthine.

Vingt-quatre heures après l'impression de la réserve , on peut passer les toiles en cuve. On les met ensuite tremper à la riviere pendant deux ou trois heures ; on les y bat bien ; puis on les fait passer par un bain d'acide vitriolique , & de beaucoup d'eau ; un peu plus acidulé cependant que celui de la préparation des toiles blanches. Il faut enfin les dégorger , laver & battre , au point de les purger entiérement de l'acide vitriolique.

Autre procédé.

Faire dissoudre dans deux pots d'eau , une livre d'alun de Rome réduit en poudre ; prendre quatre livres de terre à pipe , également réduite en poudre; douze onces de vitriol bleu en poudre ; vingt onces de vert-de-gris ; mettre bouillir le tout ensemble. Quand la composition est faite , on la gomme avec deux livres de gomme arabique. Le vert-de-gris sert à la faire détacher plus aisément. On procede du reste , comme dans le premier cas.

Mastic au pinceau.

Une livre de terre à pipe.
Un pot d'eau.
Douze onces d'alun de glace.
Quinze onces de vitriol bleu.
Réduire en poudre les parties solides , & faire bouillir le tout ensemble. Ajouter à la composition faite , une livre de gomme arabique en poudre.

Réflexion sur l'usage de l'acide vitriolique pour le blanchiment des toiles.

Le dernier bain d'acide vitriolique nettoie le fond de la toile , & le blanchit à fin. On pourroit l'employer avec beaucoup de succès pour hâter le blanchissage des toiles en général , & celui des fils de lin , de chanvre , & même de coton , dont on a quelquefois un besoin très-pressant. On y parviendra , jusqu'à un certain point, en deux ou trois jours, en les trempant & les travaillant pendant quelques heures dans une lessive de cendre de bois; leur faisant prendre un demi-sec ; les laissant tremper , & les retravaillant quelques heures dans une eau de chaux , quelques heures dans une lessive de potasse , & de suite dans de l'acide vitriolique , étendu dans beaucoup d'eau pure. Les premiers bains peuvent être chauds ; le dernier doit toujours être froid.

DESCRIPTION

DES

PLANCHES (1).

Mécanique à carder; vues d'oifeau & latérales.

A. Premier cylindre plein (*Planches premiere, deuxieme & troifieme*), qui accroche le coton de deffus la nappe *uu*, & qui le fait paffer entre lui & un cylindre femblable qui eft en deffous.

B. Second cylindre plein, fur lequel paffe le coton en fortant d'entre les cylindres précédens.

C. Troifieme cylindre creux, en forme de tambour, qui reçoit le coton du cylindre B.

D. Quatrieme cylindre creux, qui porte le coton du cylindre C au cylindre I, affleuré en deffus, par un cinquieme, fixieme, feptieme & huitieme petits cylindres pleins.

EFGH. Quatre petits cylindres pleins, foutenus dans des croiffans de fer, fur des vis à écroux en dedans du quart de cercle XX. Le coton paffe fucceffivement du cylindre I en EFG, fe travaillant en même temps en I, y retournant avant de paffer fur H, & en fortant du même.

I. Neuvieme cylindre creux, le plus gros de tous, celui où eft adaptée la manivelle, & qui donne le jeu à toute la machine.

L. Dixieme cylindre creux, dernier tambour, fur lequel fe forment les loquettes, le feul où les cardes, paralleles fur chaque rang, foient alternes de l'un à l'autre, étant oppofées fur tous les autres.

M. Cylindre ou rouleau à lames de fer blanc, qui détache le coton cardé, féparément de chaque carde du tambour L.

N. Rouleau cannelé, qui roule chaque loquette fur le plan incliné.

O. Boîte ou réceptacle des loquettes.

PP. Cadres en fer, fichés fur la charpente, viffés en deffous, portant vis & écroux par côté, pour avancer ou reculer les taffeaux en cuivre fur lefquels tourne l'axe en fer des cylindres.

Q. Vis de fupport, ou fervant d'axe au rouleau N, & pour le ferrer plus ou moins.

R. Poulie ou roue à rainure, dans laquelle paffe une courroie.

S. Premiere roue à rainure, qui reçoit la courroie de la roue précédente, & qui lui communique fon mouvement.

TT. Taffeaux qui fupportent les cylindres.

VV. Vis & fupports des quatre petits cylindres, fur le quart de cercle.

XX. Quarts de cercle élevé fur la charpente de la mécanique.

Y. Poulie mobile, pour tendre la corde qui embraffe les cylindres D, E, F, G, H, L.

Z. Manivelle.

a. (*Planches* 1 & 3.) Poulie, dont l'axe paffé dans les anneaux *yy*, eft commun au rouleau A, qui donne le mouvement aux toiles fans fin *iu*.

b. Poulie qui, au moyen d'une corde croifée, donne le mouvement à la poulie *a*.

bb. Poulie parallele, & jointe à la précédente, qui reçoit fon mouvement de la poulie *n*.

c. Le reçoit de la poulie *e*, & la poulie *d* le communique par une corde croifée, paffant fur la rainure *ef*, au cylindre D.

f. Autre poulie plus petite, qui donne fon mouvement aux cylindres EFGH, par une corde qui, après les avoir embraffés fucceffivement, paffe fur la rainure *M*, fait tourner le cylindre L, eft tendue en Y, & fe rejoint en *f*.

l. Poulie à trois rainures, 1, 2, 3, paralleles & de différentes hauteurs, qui, par une corde croifée, meut la poulie *o* du rouleau M.

p. Petite poulie qui donne le mouvement à la poulie *q* du rouleau cannelé.

rr. Rebords élevés de la table horizontale, féparée en longueur par une élévation *ss*, qui la difpofent en deux efpeces de courfieres, où avancent fans fin les deux nappes *iu* chargées de coton étendu bien également & en petite quantité à la fois.

xxx. (*Planches* 2 & 3.) Courbures indiquées du fil de fer des cardes, qui marquent avec la difpofition des cardes, le mouvement de chaque cylindre.

On obfervera qu'il n'y a de diftance entre les cardes paralleles, que ce qui refte de cuir fans fil de fer fur le bord de chacune, pour la facilité de les tendre à la tenaille, & de les clouer; un demi-pouce au plus fur chacune; ce qui donne environ un pouce d'intervalle entre les fils de fer d'une carde à ceux de la carde voifine.

Si ces fils de fer paroiffent plus écartés fur les petits cylindres que fur les gros, ce n'eft que parce que le diametre étant moindre, la divergence eft plus confidérable; car ce font les mêmes cardes pour tous, comme je l'ai déjà obfervé. Le nombre de ces cardes, de la grandeur ordinaire de celles à la main, eft de cent quarante-quatre.

Planche I.

Autres vues & développemens de la mécanique à carder.

Fig. 2. Vue en perfpective de la mécanique.

La fuite des nombres naturels 1, 2, 3, jufqu'à

L

12, repréfente celle des cylindres dans la difpofition de leur axe, depuis le lieu où ils commencent à fe charger du coton, étendu fur les nappes *u u*, juſqu'à celui où le même coton eſt roulé par loquettes, fur le plan incliné *p i*, tombe & s'arrange dans l'intérieur *i b* de la boîte *b o*.

On voit comment le cylindre 11, 11, à lames de fer blanc, détache féparément le coton de deſſus chaque carde du tambour, & le rejette pardeſſous lui; comment ce coton, détaché par le paſſage ſucceſſif d'un certain nombre de lames fur la même carde, parce que le cylindre à lames étant d'un beaucoup plus petit diametre que le cylindre des cardes, le nombre de ſes révolutions eſt beaucoup plus grand; comment, dis-je, il ſe trouve déjà, par ce détachement ſucceſſif, un peu roulé, & la loquette en partie formée; comment enfin, tombant fur le plan incliné, & coulant ſous le cylindre cannelé, il eſt en même temps preſſé & roulé mollement entre l'un & l'autre, & il en ſort la loquette entiérement achevée.

Il en eſt de la direction des lames de fer-blanc, dans leur révolution, à l'égard de celle des broches ou fils de fer des cardes, comme de celle de ces mêmes broches ou fils de fer de chacun des cylindres, reſpectivement les uns aux autres, lorſque le coton paſſe de l'un fur l'autre cylindre; au lieu qu'en travail leur direction eſt contraire.

Quand cette oppoſition ne ſeroit pas marquée par la courbure des broches & la difpoſition des cordes, le jugement ſuffiroit pour l'indiquer.

La difpoſition des cardes, alternes fur le tambour, & non oppoſées comme fur tous les autres cylindres, eſt pour que le coton, que détachent continuellement les lames de part & d'autre, ne tombe pas des deux côtés, au même inſtant, fur le plan incliné, & qu'il n'y en ait pas pluſieurs parties qui paſſent, ou qui entrent du moins à la fois ſous le rouleau cannelé d'abord; elles s'accrocheroient d'abord; & la compreſſion enſuite les réuniroit l'une à l'autre.

Fig. 3. Vue géométrale de l'élévation de la mécanique.

On retrouve dans cette figure, par la ſuite des chiffres, les mêmes cylindres que dans la précédente, vus ou indiqués par leur axe.

Planche II.

Fig. 2. A A. Deux roues dentées de cuivre, qui s'engrainent l'une dans l'autre, & qui ſont mues par une corde qui paſſe fur la poulie *b*.

On a enlevé la barre *r*, ſervant de cadre à la table, ainſi que l'appui des quatre cylindres A A *y y*, pour reconnoître la difpoſition de ceux-ci, & appercevoir le tour de la nappe ſans fin.

Ces deux premiers cylindres, également garnis de cardes, tournent ſur eux-mêmes, & attirent en dedans le coton, qu'ils difpoſent ainſi à être ſaiſi par le cylindre ſuivant.

u u. Nappes ſans fin, qui continuellement approchent des cylindres A A le coton qui eſt légérement étendu ſur ces toiles; leſquelles, après en être dégarnies, paſſent en *v v*, reviennent & y repaſſent ſans ceſſe.

y y. Rouleaux de bois qui entraînent les nappes dans leur révolution, au moyen d'une corde croiſée, paſſée dans la poulie *a*, *Fig.* 1. de la *Planche* 1, & de la *Planche* 2.

r. Barre de côté, parallele à celle qui a été enlevée.

s s. Séparation de la table en deux parties égales.

Fig. 3. Difpoſition reſpective, fur le plan incliné, du cylindre de bois, à lames de fer-blanc MM,

& du rouleau cannelé NN. Les lames du premier ont de douze à quinze lignes de hauteur: les cannelures de l'autre ſont un peu moins profondes, mais auſſi évaſées, proportionnément au diametre qui eſt à peu près égal à celui du premier rouleau, non compris ſes lames.

On obſerve que le nombre des lames & celui des cannelures eſt le même, ou à peu près, à l'un & à l'autre; & que l'arrête de celle ci doit être aiguë, pour pincer plus aiſément & mieux rouler le coton.

Planche III.

Fig. 2. Coupe verticale & longitudinale du quart de cercle XX.

A B. Vis pour élever ou abaiſſer les cylindres EFGH, au moyen du croiſſant tournant C C, dans lequel l'axe D repoſe. (Voyez en CO & DR, ce croiſſant ſéparé & tournant fur le prolongement de la vis.)

V V. Coupe de l'écrou, ſa vue intérieure & celle de la vis.

Fig. 3. Deux cylindres repréſentés en travail, pour indiquer la difpoſition des cardes, & leur degré de rapprochement.

Fig. 4. Cadres ou chaſſis en fer, à vis & taraux, pour avancer ou reculer les taſſeaux en cuivre, ſur leſquels porte & tourne l'axe en fer des cylindres, & pour faire agir ainſi le cylindre à lames.

Planche IV.

Mécanique à filer le coton.

Fig. 1, 2 & 3. Vue en perſpective, vue de profil, vue d'oiſeau.

a. Lieu où eſt placé la Fileuſe.

b b. Barre de traverſe roulant dans les rainures 4 4, fur les côtés *l l l*, ouverte pour le paſſage des fils, qui vont des bobines *g g*, entre les fils de laiton *f f*, fur les broches *u u*; ſe refermant au moyen des baſcules *d d*, & d'un bouton par où on la tire, juſqu'à ce que la mortoiſe ou boutonniere ait atteint le crochet qui fixe la verge de fer tendue & tient la barre fermé. (Voyez cette barre ſéparée, vue en deſſus BB, de face & fermée *BB*, & coupée tranſverſalement ouverte & fermée *BB*.)

c c. Planchettes, l'une à plat, & l'autre de champ, jointes à angle droit, & fixées à l'extrémité des barres *l l l*. Ces planchettes à deux étages ſont faites pour ſupporter les bobines de fil *en gros* (Voyez *Planche* 5, *Fig.* CC, ces planchettes, & les bobines G G, plus développées). Il ſeroit mieux, comme je l'ai déjà obſervé, que le ſoutien de ces bobines fût adapté à la barre, mobile comme elle & avec elle; j'en ai dit les raiſons.

h h h. Cadre, chaſſis, ou porte-broches, à couliſſes dans les montans ou piliers de devant *p p*, pour l'ôter & le remettre à volonté; ſupporté ſur une barre fixe en *y y*, où ſont les verres ou cailloux, ſur leſquels pivotent les broches chargées des noix *i i*, paſſant par les trous *z z*, & ſur le prolongement *u u*, deſquelles ſe forment les bobines de fil *en fin*. (Voyez le porte-broche plus développé *Planche* 5, *Fig.* HH.)

l l l. Barres des côtés & de longueur de la mécanique, ſupportées par les ſix piliers *p p*, taillées en couliſſes, pour que la barre *b b* aille & vienne, & qu'elle ſoit portée, contenue & dirigée, au moyen de ſes quatre roulettes en deſſous 4444, & des quatre placées ſur les côtés, ſeuls points où il y ait du frottement.

m. Manivelle que tourne la Fileuſe, de la main droite, tandis que de la gauche elle pouſſe la barre *d d*.

nn. Barres de traverse, auxquelles sont attachées en dessus & en dessous du tambour *t*, les boîtes *66*, pour le soutenir, le serrer, l'approcher ou le reculer, au moyen des vis *vv*, l'une verticale, & l'autre horizontale.

oo. Autre barre placée sur le devant du métier, en dehors, tournant sur son axe, soutenant élevés les fils de laiton *ff.*

qq. Pédale (marquée 3, *Fig.* 2) qui attire la corde 4 attachée à la cheville 1, qui s'abaisse, ainsi que les fils *ff*, lorsqu'on foule ladite pédale.

r. Roue ou poulie de l'axe 2, correspondante, au moyen de la corde *ss*, à la poulie 5, dont l'axe est commun au tambour *t.* (Voyez ces parties séparées & plus en grand ; M la manivelle ; 2 2 son axe ; R la roue ou poulie ; T le tambour ; 6 la boîte ; V la vis, & *oo* la barre tournante sur son axe, avec la poulie où est attachée la corde *s*, & suspendu le poids 8.

La *Fig.* 3 représente en outre les fils indiqués 7 7 7 ; qui partent des bobines *cc*, passent dans la barre *bb*, entre les fils *ff*, & vont joindre les broches en *hh* ; elle représente encore les ficelles, ou cordes à boyaux 5 5 5, qui passent sur le tambour, & vont embrasser les broches, deux à deux, pour les faire tourner.

On remarque les divisions 1, 2, 3, 4, 5 & 6, proche de la boîte, au moyen de laquelle on avance ou recule la manivelle, ainsi que son axe ; ces divisions déterminent avec le pinule, ou régulateur attaché à la barre *bb*, le point constant d'extension à donner à la même matiere, pour une même filature.

Planche V.

Fig. CC. Porte-bobines *GG* du fil en gros.

Fig. HH. Porte-broches, où l'on voit le plan incliné des noix, pour que les cordes à boyau conservent des plans paralleles, & ne se surmontent ni ne se gênent.

Fig. CP. Porte-broches de nouvelle invention, où l'on emploie la courroie au lieu des cordes, une poulie au lieu du tambour, & des pouliots de rejets, de deux en deux broches, pour que la courroie les presse toutes également.

On a déjà doublé à plusieurs, ainsi que je l'ai observé, le rang des broches, celui des pouliots, la courroie par conséquent, ainsi que la grande poulie. L'idée de ce mécanisme en fait assez concevoir l'effet, pour qu'il soit inutile d'en donner la figure.

Fig. A. *Fig.* B. *Fig.* C. Trois vues d'essais de la disposition des broches, qui pourroient réussir, en procurant un frottement égal à toutes ces broches, & en conformant la barre à la courbure déterminée.

Planche VI.

Fig. 1. Moulins à retordre les fils de coton, doublés pour la chaîne des Velours.

O. Roue de champ, à l'axe de laquelle est adaptée la manivelle, qui, tournée par un homme, donne le jeu à toute la machine.

Les dents ou fuseaux de cette roue s'engrainent dans ceux du tambour horizontal N, dont l'axe vertical P est aussi celui d'une lanterne, dont les fuseaux s'engrainent dans ceux d'une nouvelle roue de champ, plus élevée & parallele à la premiere O.

L'axe de cette nouvelle roue se prolonge de part & d'autre, & est commun à deux autres lanternes paralleles, dont les fuseaux de chacune s'engrainent dans ceux d'autres roues de champ, lesquelles roues sont chacune l'un des cadres des deux aspes TV très-alongés, posés parallélement au dessus

du moulin, & sur lesquels s'enroulent, par écheveaux, les fils de chaque bobine, dévidés à mesure, & retors dans l'intervalle.

DD. Premier cadre elliptique, base, plan inférieur, dans lequel pivotent, sur du verre ou sur des cailloux, les broches servant d'axe aux bobines & aux pouliots de support de la courroie.

GG. Courroie sans fin, qui après avoir passé sur le tambour, pris une direction différente contre le rouleau I, vertical & tournant sur son axe, presse les broches du premier étage ; comme la courroie HH, après avoir également passé sur le tambour, au dessus de la premiere, & avoir changé de direction contre le rouleau K, presse les broches du second étage.

Ces directions de la courroie, convergentes du tambour aux rouleaux de cette extrémité, divergentes ensuite, commencent en ce point à indiquer les deux côtés de l'ellipse, dont l'élévation des broches donne le plan ; elles le suivent & le terminent chacune sur le troisieme rouleau de chaque étage, placé à l'extrémité opposée des deux précédens.

EE. Premiere banquette, percée pour maintenir les broches du premier rang dans leur situation verticale, & dont le prolongement intérieur sert d'appui, sur un plan concentrique, aux broches du second étage, également maintenues dans leur situation verticale, par la banquette FF, vue de M en M.

XX. Cadre situé, soutenu horizontalement par de petites colonnes, au dessus, & parallélement aux plans précédens. Les angles saillans & rentrans sont tels que le prolongement vertical des fils du premier rang de bobines passe par la pointe des uns, & celui des fils du second rang par le fond des autres. A la pointe & au fond de ces angles sont de petits trous, de petits cylindres creux, des tuyaux, des anneaux, par chacun desquels passe un fil : il se trouve dirigé & soutenu par-là ; le frottement qu'il y reçoit l'unit davantage, & en rend le tors plus égal.

Ce cadre est utile, en outre, en ce que, si les fils se cassent dans leur prolongement au dessus, jusqu'aux aspes, au lieu de se brouiller avec ceux des autres bobines ils retombent sur lui, où il est aisé de les prendre pour les raccommoder.

Fig. 2. Vue d'oiseau de la mécanique.

G. Manivelle, & son point d'appui.

O. Premiere roue de champ.

N. Tambour dans lequel elle s'engraine.

Q. Lanterne verticale, qui s'engraine dans la seconde roue de champ R.

SS. Deux lanternes horizontales, dont l'axe est commun à la roue R, & qui s'engrainent, de part & d'autre, dans les roues TT de champ, & de plan à angle droit de celui de la roue R.

Les lignes ponctuées TV, & autres paralleles, indiquent les deux aspes sur lesquels les fils doublés & retors se dévident.

DD. Plan du premier étage.

GG. Direction du premier rang de bobines, & de la courroie inférieure, passant sur les rouleaux II d'une part, & sur le rouleau L de l'autre.

Y. Direction du second rang de bobines, & de la courroie supérieure, passant sur les rouleaux KK & M.

XX. Chassis supérieur.

ZZ. Côtés intérieurs de ce chassis, dont l'expension extérieure, taillée en languettes, pour le passage des fils des deux étages, est aussi indiqué par la lettre Y.

Fig. 3. Mouvement vu de face dans la direction de l'axe de la manivelle, & de la roue O, laquelle s'engraine dans le tambour horizontal N , dont l'axe élevé supporte la lanterne I ; celle-ci s'engraine dans la roue de champ R , qui a son axe commun avec les lanternes SS , lesquelles s'engrainent dans les roues TT , qui font chacune l'un des cadres du bout des aspes T.

Fig. 4. Coupe transversale du moulin , vu du côté du mouvement.

D D. Base au premier étage , sur laquelle pivotent les broches qui supportent les bobines , & celles de soutien de la courroie du rang inférieur.

E E. Base du second étage , au dessus de laquelle s'élevent les premieres bobines , & d'où partent les broches de celles du rang superieur , vues au dessus du plan FF.

X X. Coupe du chassis festonné , dont les points saillans & rentrans des angles dirigent les fils doublés des bobines EE , FF , comme il est indiqué par les lignes ponctuées , sur les aspes ou dévidoires T T , lesquels sont mus , comme aux figures précédentes , par les lanternes SS ; & celles-ci , par la roue R , qui s'engraine dans la lanterne Q.

Fig. 5. Mouvement vu de profil , & plus développé que dans la *Fig.* 1.

O. Premiere roue mue par la manivelle.

N. Tambour où elle s'engraine.

Q. Lanterne élevée sur l'axe prolongé du tambour.

R. Roue dans laquelle la lanterne s'engraine.

T. Rouage de l'aspe.

I & K. Rouleaux tournant sur leur axe , & sur lesquels passent les courroies.

D. Premier plan.

G. Premiere courroie.

E. Second plan.

H. Seconde courroie.

F. Troisieme plan.

Planche VII.

Fig. 1. Vue perspective du métier monté & en travail.

A. Point d'appui de la chasse.

B. Barre de suspension de ladite chasse.

C. Cadre mobile , posé en travers du métier , sur les barres du côté RR , portant les bilbacs.

P P. Piliers du métier.

S S. Barres du bas qui les réunissent de l'avant en arriere.

T. Poitriniere sur laquelle passe l'étoffe.

V. Barre de traverse du bas , où sont fixées les marches.

a. Marches , au lieu où s'exerce la puissance ; *s* leur point d'appui en arriere , où elles jouent sur une broche de fer *xx* ; elles sont au nombre de cinq : il en part dix cordes , deux de chacune ; cinq correspondent aux *contre-marches b* , & les cinq autres aux *marchettes c.* Celles-ci sont nommées les grandes cordes , par comparaison aux précédentes , qui sont les petites cordes.

Les grandes attirent les marchettes en en-bas ; les marchettes , les lames *d* , & les lames font baisser ceux des fils de la chaîne de fond ou de celle de poil , qui y sont passés en lisse.

Les petites cordes attirent les contre-marches ; les contre-marches , les bilbacs , par des cordes attachées en *i* ; & en leur faisant faire la bascule sur le point d'appui *h* , ceux-ci attirent autant en en-haut les lames *e* , & les fils de l'une & l'autre chaîne qui y sont passés.

Les *Fig.* 6 d'une marche *a* , jouent en *s* avec ses deux cordes ; 7 , d'une contre-marche *b* jouant en *r* , attirée par la marche en *y* , attirant en *z* le bilbac *i* ; & de la marchette *c* également attirée par la marche , & attirant la lame en en-bas ; & 8 , dont la corde *i* fait basculer le bilbac au point *h* , lequel souleve la corde *e e* , & attire la lame *d* en en-haut. Ces trois figures , dis-je , montrent les mouvemens correspondans & développés de toute l'armure du métier.

r. Broches de fer sur lesquelles s'appuient & jouent par côté les marchettes & les contre-marches les unes au dessus des autres.

f. Ensouple de la chaîne de fond , dont les tourillons de l'axe entrent dans les piliers P P , fixée , pour la tension de la chaîne , par une roue d'encliquetage.

g. Ensouple de la chaîne de poil , soutenue & tournant sur des appuis fixés en dehors du métier.

t. Poids qui y est suspendu , dont la corde s'enroule en l'attirant en arriere , & qui donne à la chaîne un degré suffisant de tension.

On voit comment ces deux chaînes partent de leurs ensouples , traversent les lames , se réunissent dans le ros , & après avoir été ouvrées , l'étoffe qui en résulte ayant passé sur la poitriniere , se replie en dessous , & revient en *n* s'enrouler sur l'ensouple *o*.

p. Tendoir de l'étoffe sur l'ensouple , & crochet qui s'engraine dans la roue d'encliquetage *r*.

s. Talon des marches.

x x. Broche de fer qui les enfile.

q. Appui de la planche mobile , qui sert de siége à l'Ouvrier.

Fig. 2. Partie du côté droit du métier , avec le soutien D , vu par derriere , de l'ensouple du travail.

Fig. 3. Partie du métier vu de face , jusqu'au dessus de la poitriniere TT.

qq. Disposition des appuis du siége.

Fig. 4. Elévation du métier vu par derriere.

P P. Piliers.

c o. Barre supérieure de traverse.

V. L'inférieure.

ff. Ensouple de la chaîne de fond , dans laquelle est tracée la rainure *v v* , pour y arrêter la chaîne au moyen du verdillon.

t. Treuil de l'ensouple , par où l'on tend ou détend la chaîne.

r. Roue dentée , qu'on arrête au moyen d'un crochet , pour fixer la tension.

Q Q Mortoises , dont l'une est en coulisse de haut en bas , pour y entrer les tourillons de l'axe.

Voyez au bas de la planche la roue d'encliquetage *c r* , avec son crochet ; celle de l'ensouple de travail *e n* , avec son treuil ; & la boîte *o o* , pour y placer le tourillon de l'extrémité opposée ; *c t* & *c c* , le crochet de l'une & de l'autre roue ; & *t e* , le tendoir.

Fig. 5. Chasse du métier vue de face.

a a. Barre de suspension , avec ses lames de fer , qui portent sur des dents de scie de même matiere , & horizontales.

b b. Trous , marqués sur les épées montantes ou descendantes à coulisse dans la barre de suspension , pour les soutenir , au moyen de chevilles , à la hauteur convenable.

c c. Cape.

d d. Ros.

ff. Sommier.

g g. Coupe de profil de la chasse.

a b. Sa barre de suspension.

e. L'épée.

c. La cape.

d. Le ros.

f. Le sommier.

Supplément de la Planche VII, voir au bas de la Planche V.

a a. Grands ciseaux, ou forces à main, vus de face.

b b. Les mêmes, vus de profil.

c c. Couteau vu de bout & sur sa monture.

d d. Le même, vu couché, la vis en dessus, & le tranchant horizontal.

e e. Navette, garnie de la *canette* ou bobine de la trame, vue en dessus.

f f. La même, vue de face, avec le petit trou d'où sort le fil de la trame.

g g & *h h.* Deux fers ou verges de laiton, avec une petite cannelure dans laquelle pénetre le tranchant du couteau, lorsqu'il coupe le Velours.

Planche VIII.

Fig. 1. Armure du *Velours plein,* où sont déterminés la position & le nombre des marches, des marchettes, des contre-marches, & celles des lames; le marcher, d'où résulte le jeu correspondant des unes & des autres; & la rentrée des fils, qui est leur passage en lisse.

Fig. 2. Armure du *Velours cannelé,* où les mêmes parties que dans la figure précédente sont également indiquées.

Fig. 3. Armure du *velvet-ret,* à six duites, *idem.*

Fig. 4. Armure du *croisé* d'un seul côté, avec l'indication de changemens pour opérer le même effet.

Fig. 5. Armure du *croisé* des deux côtés, où l'on voit que les marches & les lames sont en nombre différent de celui des marches & des lames de l'armure précédente, mais égal dans celle-ci.

Fig. 6. Armure du *piqué,* pour un carreau, quatre points simples, où la rentrée est indiquée, avec le nombre des fils en lisses dans chaque lame.

Fig. A. Dessin ou échantillon du piqué à carreaux, quatre points, simple, exécuté au moyen de l'armure & du marcher précédens.

Fig. 7. Armure du *piqué,* pour un carreau, quatre points, double, avec les mêmes indications que pour le carreau, quatre points, simple.

Fig. B. Dessin ou échantillon du piqué à carreaux, quatre points, double, exécuté au moyen de l'armure & du marcher précédens.

Fig. 8. Armure d'une toile sans lisieres, & pour faire des sacs sans fond, où toutes les parties, indiquées dans les armures précédentes, le font également.

Planche IX. Fourneaux à tondre, griller ou raser les Velours.

Fig. 1. Élévation & coupe du fourneau, vu du côté du cendrier.

a. Brisure de la charpente *pp,* pour en laisser voir l'intérieur en *b,* où sont des cannelures en arrêtes tranchantes, pour relever le poil du Velours, & en racler le grillé, lorsque la piece va & vient; en *r,* où sont, au dessus les uns des autres, des rouleaux d'appui, pour élever ou baisser l'étoffe, afin qu'elle touche la plaque de fonte en plus ou moins de points; en *t,* où l'étoffe est enroulée; & en *v v,* pour sentir les différentes directions à donner à la piece, & les inflexions qu'elle prend sur ses appuis.

1. Plaque de fer fondu, faisant voûte ou calotte au fourneau.

2. Porte brisée du fourneau, en fer battu.

3. Intérieur du fourneau.

4. Brisure du mur de face.

5. Barreaux de fer forgé, posés sur la carre.

6. Cheminée du fourneau, vue dans le fond.

7. Cendrier très-élevé, pour que l'air chasse mieux.

8. Façade du mur.

9. Mur brisé, vu dans le fond.

Fig. 2. Plan géométral de la mécanique.

ABCD. Est celui indiqué de la coupe de la figure précédente.

b b. Cannelures en arrêtes.

r r. Rouleaux d'appui.

t t. Treuils sur lesquels s'enroule alternativement l'étoffe *v v,* en tournant l'une des manivelles *m m.*

11. Plaque de fonte.

4. Mur représenté en 8, & brisé en 4, *Fig.* 1.

6 6. Plan de la cheminée.

Fig. 3. Vue de l'une des faces du fourneau, l'étoffe *v v* passant sur la plaque 11, sur le rouleau *r r,* sur les crenelures *b b,* & enfin sur le treuil *t t.*

Manivelle.

Piliers de la charpente.

6. Cheminée vue sortant du massif de la maçonnerie du côté opposé à celui de l'ouverture du fourneau.

Planche X.

ATTELIERS DE TEINTURES.

PREMIERE VIGNETTE.

Attelier de teinture pour les couleurs ordinaires, les garançages, &c.

A. Cuve en ciment, où l'on reçoit l'eau du dehors, pour l'usage de l'attelier.

B. Chaudiere de cuivre, revêtue de maçonnerie & en ciment, au dessous de laquelle est un fourneau pour en chauffer le bain. Deux Ouvriers y font passer une piece d'étoffe, soit en bain préparatoire, soit en teinture; l'un fait agir le tourniquet, pour amener & ramener la piece dans le bain, jusqu'à ce qu'on l'en retire ou qu'on l'y abatte; l'autre, avec un lisoir, la tient au large, & l'enfonce dans la chaudiere.

C. Autre chaudiere de cuivre, également revêtue.

D. Chaudiere semblable à la précédente, où pendent, dans le bain, des pentes de Coton, ou d'autre matiere végétale, passées au bâton, que l'Ouvrier doit changer & rechanger fréquemment, c'est-à-dire, plonger dans le bain les parties qui se montrent au dehors, & leur en substituer d'autres, en les tournant & retournant sur le bâton, jusqu'à ce qu'il les retire ou qu'il les abatte.

E F G H I. Tonnes ou barrils de bains de bois de différentes especes, de plusieurs temps, & de diverses qualités; de lessives, ou dissolution de sels quelconques.

K L M N. Baquets, avec leur planche, pour y aluner, ou y engaller les étoffes. (Voyez vignette 3, *Fig.* N, un Ouvrier qui travaille une piece sur la planche; *Fig.* C, la piece dans le baquet reposant sur son bain; & *Fig.* B, l'étoffe relevée sur la planche, s'égouttant.)

O. Ouvrier qui tord à la cheville, des pentes de Coton, après qu'elles ont été teintes ou lavées.

P. Plusieurs de ces pentes, passées à la cheville, ou pour égoutter en attendant qu'on les torde, ou pour y sécher.

Q. Chevilles plantées dans un poteau, placé avant dans l'attelier, pour plus de facilité des opérations précédentes.

R. Ouvrier qui passe une piece en bain chaud ou froid, sur le tourniquet, dans un baquet. Il

tourne d'une main, life & tient au large la piece
de l'autre. Si le bain eft très-chaud, trop chaud,
il la life & la tient au large avec un lifoir.

S. Bâton pour pouffer les pentes de Coton dans
la chaudiere.

T. Baquet pour y préparer un bain quelconque.

U. Pot ou vafe de jauge, pour les dofes déter-
minées de liqueur quelconque.

V. Seau, de grandeur déterminée, pour le même
office.

X. Sébile emmanchée pour puifer l'eau dans la
cuve ou dans les chaudieres.

Y. Sébile à main, pour l'ufage courant.

Z. Lifoir ou bille pour tordre les étoffes, ou les
pentes de Coton paffées à la cheville.

On a des conduites d'eau, de bois ordinairement,
foit en planches jointes en couffiere, foit d'un arbre
creufé en gouttiere, pour la faire couler du robinet, dans les chaudieres, dans les baquets, ou
ailleurs.

Planche X.

SECONDE VIGNETTE.

Attelier de teinture pour les cuves de bleu.

A B C D E F G. Cuve de bleu à froid, en ciment,
qu'on tient couvertes lorfqu'elles ne travaillent pas.

H. Cuve également en ciment pour y recevoir,
du dehors, l'eau néceffaire dans l'attelier.

I L. Table très-longue fur laquelle on *faude*, on
évente les pieces au fortir de la cuve.

M. Ouvrier qui tient une piece, la menant &
la ramenant dans le bain, toujours étendue fur fa
lifiere, pour que la teinture la pénetre également
par-tout.

N. Ouvrier qui, après avoir tiré du bain & relevé
fur la cheville la piece fuffifamment teinte, la
tord pour en exprimer, fur la cuve même, le bain
fuperflu & chargé de parties colorantes, que
l'étoffe a emportées avec foi.

O. Ouvrier, vu de face, qui, dans une plus petite
cuve, fait la même opération que le précédent.

P. Ouvrier qui faude ou évente une piece, en la
rejetant à grands plis de gauche à droite, & la
ramenant ainfi à plufieurs fois, pour que, frappée
de l'air, la couleur remonte également par-tout.

Q. Ouvrier qui tourne le moulinet, chargé d'une
picce, fur la cuve G.

R S T U. Chevilles implantées au mur au deffus
des cuves, pour y lever les pieces, lorfqu'on les
tire du bain, & pour les y tordre.

V. Pentes de Coton fufpendues à la cheville,
au deffus de la cuve, avec le lifoir ou la bille,
paffé dedans, pour les tordre & en exprimer le
fuperflu du bain.

X. Piece d'étoffe, roulée & rejetée fur le bout
de la table, après avoir été éventée, pour l'em-
porter & l'aller laver en pleine eau.

Y Z. Vue d'une piece, au moment où on la
faude, où elle eft rejetée à grands plis & par
feuillets, d'un côté à l'autre, pour l'éventer.

TROISIEME VIGNETTE.

Attelier de teinture pour les tonnes de noir.

A A. Cuves en ciment, où l'on reçoit l'eau
du dehors ou autrement, & où on la tient en réferve
pour les divers ufages de l'attelier.

B. Baquet & fa planche, fur laquelle repofe &
s'égoutte une piece d'étoffe, relevée pli par pli, après
avoir été travaillée dans le bain.

C. Baquet dans lequel une piece repofe fur fon
bain, entre deux travaux fur la planche.

D E. Deux baquets avec leur planche, femblables
aux précédens.

F. Cuve en ciment, pour de l'eau pure, des
extraits, ou des diffolutions quelconques.

G H I K L M. Tonnes de noir, avec leur anche ou
robinet, affez élevées, fur de forts tréteaux, pour paffer
deffous, les baquets dans lefquels tombe le bain de
noir, où on le puife, avec un feau, un pot, ou
une fébile, pour le porter dans les baquets de
travail B C D E N O.

M. Coupe verticale d'une tonne de noir, pour
y reconnoître l'arrangement des paniers ou cor-
beilles de ferrailles, & de l'écorce d'aune, feche
& brifée, pour remplir, le mieux qu'il eft poffible,
les interftices d'abord, & enfuite le refte de la tonne ;
le tout affis fur un premier lit d'écorce d'aune, &
un fecond de vitriol de Mars ou couperofe verte.

Le nombre des paniers de ferraille diminue
ou augmente, fuivant qu'ils font plus ou
moins grands, qu'ils contiennent plus ou moins
de ferrailles.

N. Ouvrier travaillant actuellement une étoffe
fur la planche. Il la retire du bain pli par pli, la
tenant par les lifieres toujours étendue fur fa largeur, & la jetant par feuillets, du bain fur la
planche, puis de la planche dans le bain.

O. Ouvrier qui, une fébile de bois à la main,
puife du bain de noir dans le baquet de la tonne
M, pour le vuider dans le baquet O, où il com-
pofe un nouveau bain pour y travailler quelque
piece.

P Q. Table fur laquelle on voit plufieurs pieces
d'étoffes.

R. Sébile de bois.

S. Pot ou vafe de jauge.

T. Seau pour puifer l'eau ou le bain en plus
grande quantité à la fois.

V. Sébile emmanchée pour puifer l'eau de loin
& en quantité indéterminée.

X. Lifoir ou bille avec laquelle on preffe les
pieces fur la planche, lorfqu'on les a travaillées
dans le bain, pour les faire mieux & plutôt égoutter.

Planche XI.

Cuve de bleu à chaud.

Fig. 4. *h.* Chaudiere en cuivre, en forme de
cône tronqué renverfé, enchaffée & foutenue fur
la maçonnerie *p p.*

i. Entrée du fourneau.

k. Apperçu du prolongement dans terre de la Cuva
ou Chaudiere.

l. Tuyau du fourneau.

Fig. 5. Coupe verticale de la Cuve *m*, du tuyau
n, & des murs *q*.

o o. Efpaces entre les murs verticaux du fourneau,
& les parois extérieurs, convergens, de la Cuve. C'eft
dans ce vuide concentrique à la maçonnerie & ex-
centrique à la Cuve, qu'on infinue & dépofe le charbon allumé qui doit entretenir la Cuve dans un degré
de chaleur toujours doux & à peu près égal.

f. Rable avec lequel on pallie la Cuve.

g. Son couvercle.

*Mécanique à imprimer au cylindre les toiles, croifés,
fatinettes, Velours de coton, &c.*

Fig. 3. *c c c.* Quatre cylindres ou rouleaux de
bois.

1, 3, & 4. Sont recouverts de plufieurs plis d'é-
toffe, & d'un gros drap. L'Art eft de bien faire
les coutures, afin qu'elles ne fe fentent point dans
le travail.

2. Cylindre d'impreffion, pointé fuivant le deffin,

en fil de laiton ; d'où il est évident qu'il en faut un de rechange pour chaque dessin. Ce cylindre, au moyen de la manivelle M, donne le jeu aux autres, & les fait tous mouvoir.

m m m m. Mortoises pour ficher des clavettes en coins, & serrer plus ou moins les cylindres les uns contre les autres.

D. Auge dans laquelle est la couleur. Le rouleau 4 y trempe ; il la puise ; & la dépose sur le rouleau 3, où, plus nette, le cylindre 2 s'en empare, & va imprimer l'étoffe, qui passe entre lui & le rouleau 1, qui la presse. Il faut que la couleur ou teinture soit en consistance de sirop, moins épaisse que lorsqu'on imprime à la planche.

E. Table dans laquelle est emboîtée l'auge.

BB. Brancard, ou corroi sur lequel est posée la piece avant de passer sous le cylindre.

RR. Rouleaux tournans sur leur axe ; on passe l'étoffe dessus & dessous, bien tendue ; on empêche les rouleaux de tourner ; on les enraye quand on veut serrer davantage.

A R. Cylindre sur lequel l'étoffe est roulée avant d'être imprimée.

S S. Montans ou jumelles, qui s'ouvrent à charniere en K K, pour laisser passer les cylindres.

A. Aspe pour enrouler l'étoffe lorsqu'elle est imprimée.

P. Poulie fixée sur l'axe de l'aspe, où est enroulée une corde avec un poids qui fait tourner l'aspe à mesure que les cylindres operent.

Mécanique à découper les Velours cannelés & le Velvet-ret, avec l'Ouvrier vu en travail.

Fig. 1. A. Velours plié en feuillets pour l'amener plus facilement sur l'ouvroir.

B. Ensouple, treuil ou cylindre, sur lequel l'étoffe, arrêtée dans la rainure par un verdillon, s'enroule pour être tendue convenablement, au moyen de la roue d'encliquetage dont cette ensouple est armée.

C D. Longueur d'étoffe tendue horizontalement sur l'ouvroir.

E. Seconde ensouple où la piece, primitivement arrêtée, également par un verdillon, résiste par sa roue à cheville, à la forte tension qui lui est donnée avec la roue d'encliquetage.

a b. Ces deux roues, sur leur monture, vues plus en grand.

Fig. 2. La même mécanique vue par le côté C, avec la rainure F de son ensouple, & sa roue d'encliquetage.

c c. Couteau armé de son guide, d'environ vingt pouces de longueur de fer. La longueur du guide, dans lequel entre sa pointe, est d'environ deux pouces.

d. Ce même guide vu plus en grand.

d e. Réunion, ou enchâssement dans le guide de la pointe du couteau, dont le tranchant est en *t.*

g r. Grattoire de peau de chien de mer.

Supplément à la Planche III.

Le nombre des cordes de cette mécanique, la multiplicité des mouvemens auxquels elles donnent lieu, & la variété de l'effet de ces mouvemens, m'ont fait penser à la lecture des descriptions précédentes des Planches 1, 2 & 3, qu'il seroit utile d'en donner par addition une plus étendue, & principalement de ces objets.

a. Poulie qui reçoit son mouvement de la poulie *b*, par une corde croisée, laquelle fait tourner en avant les deux rouleaux de bois, qui tiennent tendues les toiles sans fin chargées du coton à carder, & leur font suivre le même mouvement.

b. Poulie à double rainure, sur l'une desquelles passe la corde croisée précédente ; & sur l'autre, une corde non croisée qui répond à la poulie *n* du cylindre L de décharge. Cette poulie *b* fait mouvoir les deux premiers petits cylindres, qui s'engrainent l'un au dessus de l'autre, & dont les cardes pincent & commencent à applatir le coton, pour le distribuer sur le cylindre *a*

c. Cylindre qui tire son mouvement d'une corde non croisée, passant sur la poulie *e*, & dont les cardes, par une position contraire & un mouvement différent de celles des précédens, effacent le coton, & le portent sur le cylindre C.

C. Cylindre qui, par une courroie placée du côté opposé de la mécanique, reçoit son mouvement du cylindre I, le plus grand de tous, auquel est appliquée la manivelle. Ce cylindre tourne du même côté que le cylindre I, & que le cylindre *c*, quoique ses cardes soient dans une position contraire à celles de ce dernier. C'est sur ce cylindre C que le coton se prépare bien, & se carde déjà en plus grande partie.

d. Poulie qui tient à l'axe du cylindre C, le même qui donne le mouvement au cylindre *a*.

e f. Rainure sur le cylindre D, d'où part une corde croisée qui va passer sur la poulie *d*, qui imprime au cylindre D un mouvement opposé à celui du cylindre C. Ainsi, la position contraire des cardes de ces cylindres, & leur mouvement opposé, font tels que le coton ne se carde point entre eux ; mais qu'il est seulement pris de l'un par l'autre, pour que ce dernier le distribue sur le grand cylindre I, qui le donne au cylindre E, celui-ci au cylindre F, le cylindre F au cylindre G, qui le rend au cylindre I, d'où il passe en H, pour revenir encore en I.

Les cylindres DEFGH ont tous leur mouvement contraire, & beaucoup plus lent que celui des cylindres I & C. Le mouvement leur est donné, ainsi qu'au cylindre L, par la poulie *d*, dont la corde croifée correfpond à la rainure *e f*; & par la poulie *f*, dont la corde paffe en *g h i k l* M, en Y enfin, & revient en *f*.

Cette derniere corde fait un double tour fur chacun de ces cylindres. On la tend, on la détend avec la poulie Y, qui monte & defcend au moyen d'un écrou placé dans une coüliffe.

l. Poulie adhérente au cylindre I. Elle eft à trois rainures de différents diametres, pour ferrer plus ou moins la corde croifée par laquelle ils fe correfpondent, & accélérer ou retarder d'autant le mou-vement de la poulie S, du cylindre M à lames, qui détache le coton du cylindre L.

M. indique une feconde poulie jointe & parallele à la précédente, dont la corde non croifée fait tourner du même côté le rouleau cannelé qui acheve de rouler la loquette.

Les petits crochets qui font au deffus des cylindres, indiquent les diverfes directions des cardes,

Fin de l'Explication des Planches.

TABLE

DES CHAPITRES,
DES SECTIONS,
ET DES ARTICLES.

N

TABLE.

Fin de la Table.

EXTRAIT

DES REGISTRES

DE L'ACADÉMIE DES SCIENCES,

Du 31 Juillet 1779.

L'ACADÉMIE nous a chargés, M. de Montigny & moi, de lui rendre compte d'un Manuscrit qui a pour titre : *L'Art du Fabricant de Velours de coton, précédé d'une Dissertation sur la nature, le choix & la préparation des matieres, & suivi d'un Traité de la Teinture des Etoffes de ces mêmes matieres.* Par M. ROLAND DE LA PLATIERE, *Inspecteur Général des Manufactures de Picardie ; Associé des Académies de Rouen, de Villefranche en Beaujolois, &c.* Premiere Partie.

Nous faisons, depuis vingt-cinq à trente ans, usage des Velours de coton en habillement, &c. : cependant il n'y a en France que trois ou quatre cents métiers de Velours de coton, & quatre à cinq Manufactures particulieres d'étoffes de ce genre, dont les Entrepreneurs soutiennent les Velours de leur fabrique à un si haut prix, qu'il en résulte en France une introduction considérable de Velours d'Angleterre.

Si le travail des Velours de coton avoit été connu, & si, plutôt encore, les apprêts pour les teindre avoient été divulgués (car on réussit mieux dans la fabrication de cette espece d'étoffes, que dans leur teinture), les Manufactures se seroient multipliées ; le prix en seroit diminué : tout indique à M. de la Platiere, que nous pourrions livrer les Velours au prix de ceux qu'on tire d'Angleterre, & cette branche de commerce augmenteroit pour lors beaucoup en France, au détriment de l'Angleterre qui nous en fournit.

Nos Manufacturiers avoient donc intérêt de ne pas divulguer leurs moyens ; aussi ne l'ont-ils pas été : l'on doit savoir gré à M. Roland de s'en être instruit, & de les donner aujourd'hui au Public.

Les Cotons que nous employons communément, se tirent de nos Colonies, des Isles de l'Amérique ou du Levant. Ces derniers portent dans nos fabriques le nom de Cotons de Chypre ou Cotons de Malte, lorsqu'ils nous arrivent filés.

M. Roland de la Platiere indique dans son Ouvrage les diverses especes de Coton qu'on emploie dans le commerce, la maniere de les connoître, d'en distinguer les qualités : il faut voir ces détails dans l'Ouvrage même.

Avant de carder le Coton, il convient de le battre, de l'éplucher, ce qui consiste à ôter les graines qu'enveloppe ce duvet : ensuite on le carde ; on le met en rouleau, qu'on appelle *loquette.* On le file avec des différences dans les préparations, lorsqu'on veut le filer en gros, ou le filer & le retordre par un moyen qu'on nomme filer *à la mécanique.*

Ces détails sont exposés d'une maniere claire dans l'Ouvrage. L'Auteur a ajouté des perfections à cette machine, dont il ne se donne pas pour l'inventeur, mais qu'il a fait exécuter & rendue publique le premier au mois d'Août 1775.

Il traite ensuite du Dévidage.

L'objet que se propose M. Roland étant de décrire & de rendre publics les moyens employés pour fabriquer les Velours unis de coton, il entre dans les détails propres à en faire connoître la fabrication.

Ces Velours unis se font avec une premiere chaîne, communément appelée *toile,* une seconde chaîne appelée *poil,* & une trame. On fortifie ordinairement la seconde chaîne de plus ou de moins de brins, suivant qu'on se propose de rendre le Velours plus ou moins beau, & lui ajouter des qualités. L'essentiel pour cette espece d'étoffe, est que ce Velours soit bien plein, les coupes serrées, le poil rapproché. Nous venons de dire que ces velours avoient deux chaînes : la premiere chaîne de fond est composée de fils doubles & retors au moulin ; la seconde chaîne, celle du poil ou du *velouté,* est composée de fils simples ; mais qui étant plus ou moins retors, donnent à l'étoffe plus ou moins de matiere, & par conséquent plus ou moins de duvet. La trame est aussi de la même matiere & de même filature que la seconde chaîne du poil ou velouté.

M. Roland explique comment l'on monte les métiers à Velours unis, comment ils agissent, le nombre & le jeu des marches & des lames.

L'Ouvrier doit faire, en *taillant* le Velours, une *tranche* égale, vive & nette. Lorsqu'il se trouve des inégalités un peu sensibles dans la coupure, il en résulte une surface inégale, que le *grillage* & les autres apprêts dont nous allons parler ne peuvent pas réparer.

L'étoffe étant fabriquée, on commence par éplucher ces Velours ; on les fait débouillir ensuite dans une chaudiere pendant une heure environ ; on lave ces pieces à la riviere ; on releve le poil au moyen de cardes, puis on procede à la tonte & au grillage.

La soie, la laine n'ont pas besoin de l'apprêt du grillage, pour réfléchir avec vivacité la couleur de l'étoffe qui en est formée : le coton n'a pas aussi éminemment cette propriété ; d'ailleurs il ne se coupe jamais si net ; les forces ne peuvent pas en approcher de si près : c'est pour cela qu'on grille les Velours de coton, tandis que cet apprêt seroit au moins inutile pour la laine & la soie.

Il faudroit voir dans l'Ouvrage les détails du fourneau, la position de la plaque de fer de fonte destinée à griller les Velours. On fait chauffer la plaque, & l'on passe dessus la piece de Velours, deux, trois ou quatre fois avec célérité ; on la carde, puis on la grille encore de nouveau. On conçoit que cette opération est très-délicate ; il vaut mieux y revenir que d'aller trop vîte au grillage, & de la brûler. Lorsque les Velours sortent du grillage, ils sont roussis : on les fait bouillir, puis on les expose à une forte lessive, & on les fait sécher sur le pré. Ces lessives se font avec la potasse ; on les teint ensuite : mais comme le coton est une substance végétale, elle se charge moins facilement des particules colorantes, que ne le feroient des substances animales. Les Velours de coton exigent donc des apprêts avant d'être teints. Ces préparations se nomment le *dégommage* & les *débouillis.*

Après les avoir fait passer par un bain chaud, on les met dans un bain de galle, ou un bain d'alun, ou de couperose, ou de vert-de-gris, ou enfin de soude aiguisée avec de la chaux.

Nous ne donnerons aucun détail sur les procédés indiqués par l'Auteur, pour donner aux Velours une couleur ou une teinte particuliere; il faut les chercher dans cette description. L'Auteur assure qu'il n'offre ici que les compositions qu'il a vu mettre en usage, & de la réussite desquelles il est convaincu. Nous répétons, d'après lui, que c'est la partie la plus difficile & la plus essentielle de cette fabrique, & sur laquelle cependant l'Auteur auroit beaucoup encore à désirer. On a vu des Fabricans réussir à travailler ces étoffes, & manquer leur objet, faute d'avoir de bons procédés pour les teindre.

L'Académie ne peut s'en rapporter qu'à l'Auteur pour ces compositions de teinture. Cette Description de la Fabrication des Velours de coton fait honneur à M. Roland de la Platiere, & nous semble mériter de paroître, avec l'approbation de l'Académie, à la suite des Arts qu'elle a publiés.

Fait à Paris, ce 31 Juillet 1779. DE MONTIGNY, FOUGEROUX DE BONDAROY.

Je certifie le présent extrait conforme à l'original & au jugement de l'Académie, ce 31 Juillet 1779. LE MARQUIS DE CONDORCET.

Depuis le rapport de Messieurs les Commissaires, & l'approbation de l'Académie, l'Auteur de cette Description en a répété tous les procédés; il en a rectifié ou simplifié plusieurs; il en a ajouté beaucoup. Il y a ajouté la description de la mécanique à carder le coton, qui n'étoit pas connue alors, & qui n'est point encore publique; les détails de fabrication, les marches & armures des piqués, des satinettes ou croisés, &c. la plupart des planches, & la seconde Partie entiere de l'Art qu'il avoit annoncée, mais sur laquelle il lui restoit à faire des essais & des recherches, pour la rendre, également que la premiere Partie, digne de l'approbation de l'Académie.

F I N.

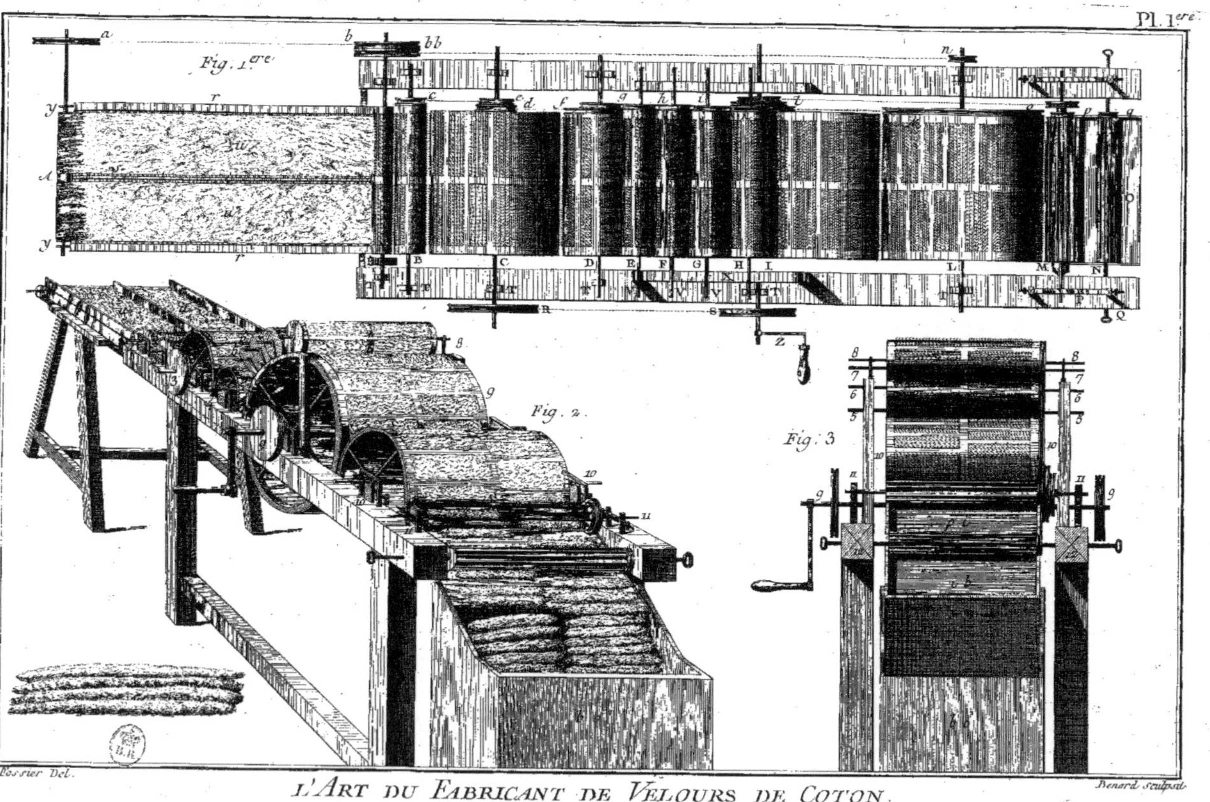

L'ART DU FABRICANT DE VÉLOURS DE COTON.

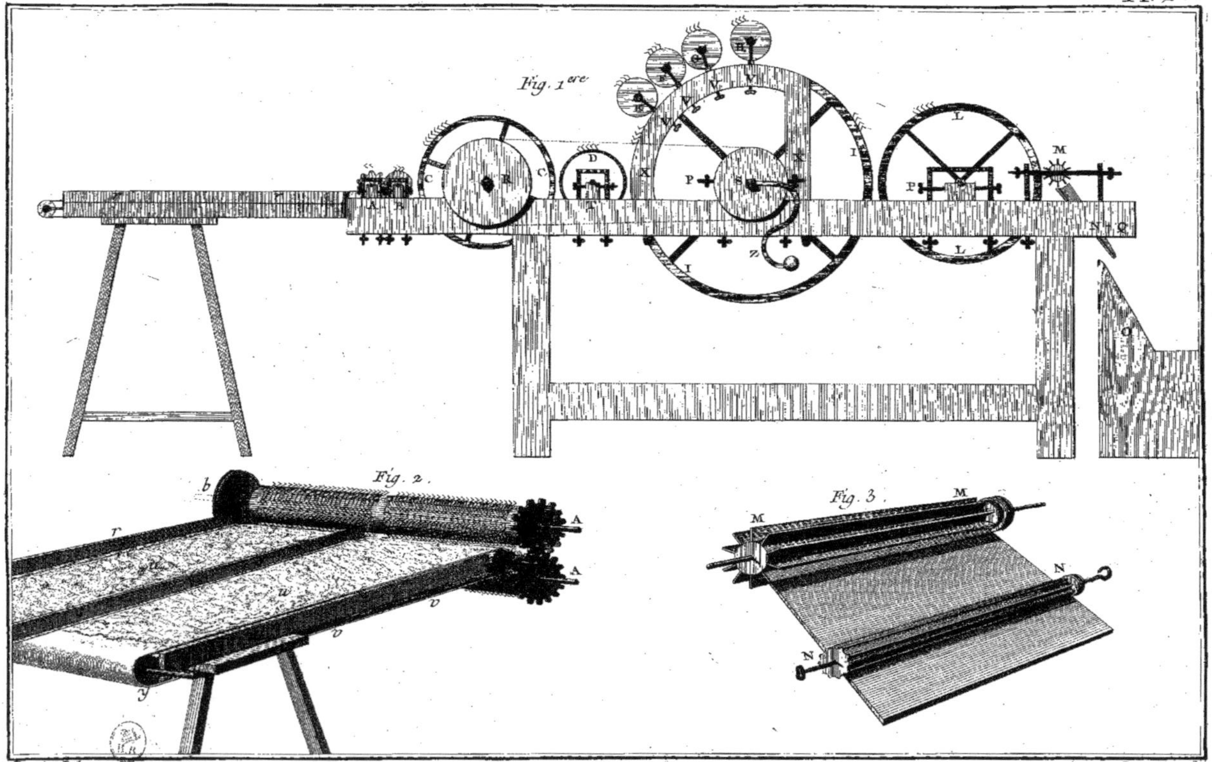

Pl. 2

Fig. 1ere

Fig. 2

Fig. 3

Bossier Del.

Benard Sculp.

L. ART DU FABRICANT DE VELOURS DE COTON.

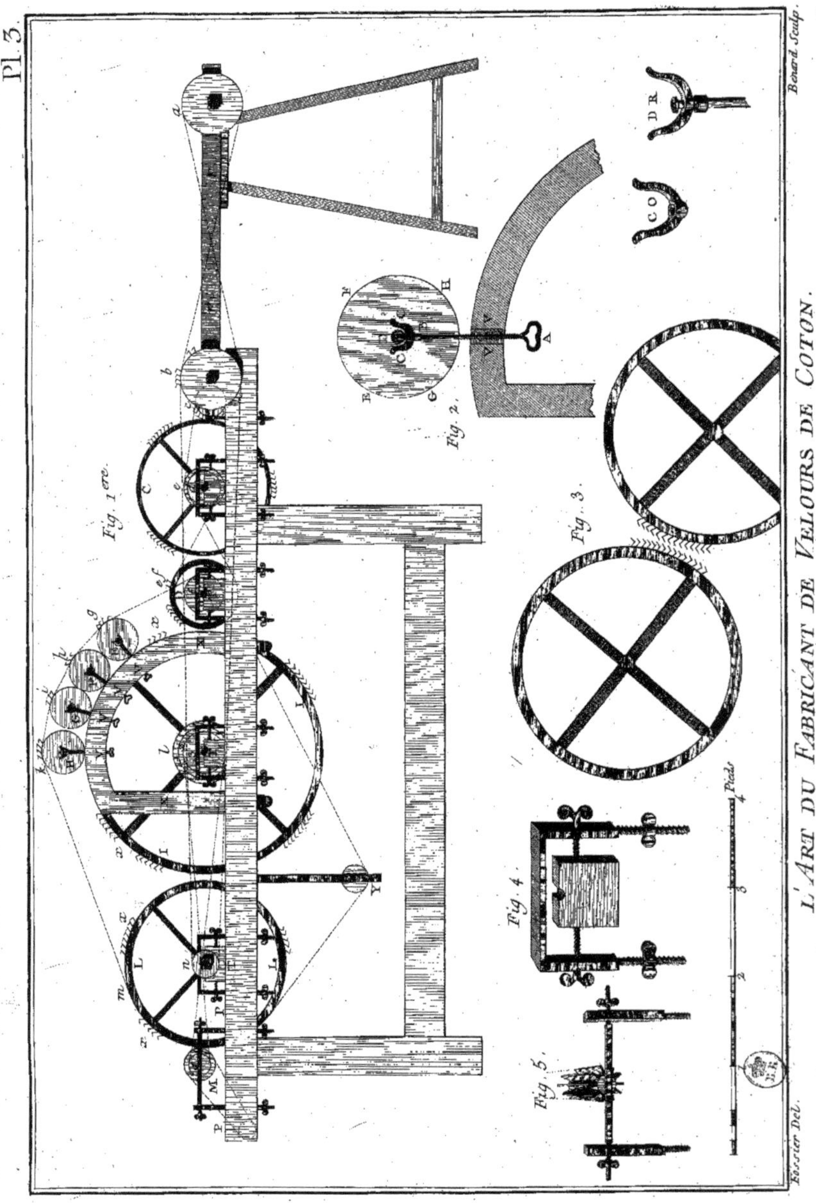

L'ART DU FABRICANT DE VELOURS DE COTON.

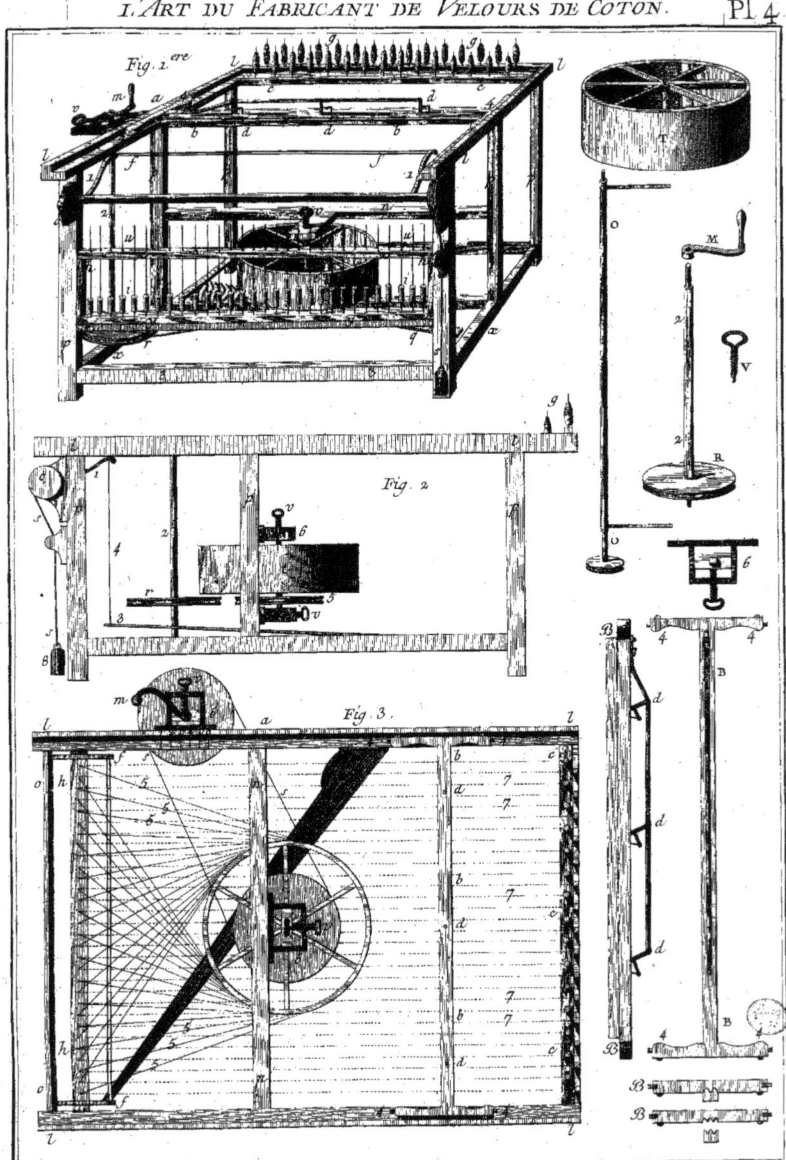

Fig. 1ere
Fig. 2
Fig. 3
Forster Del.
Benard Sculp.

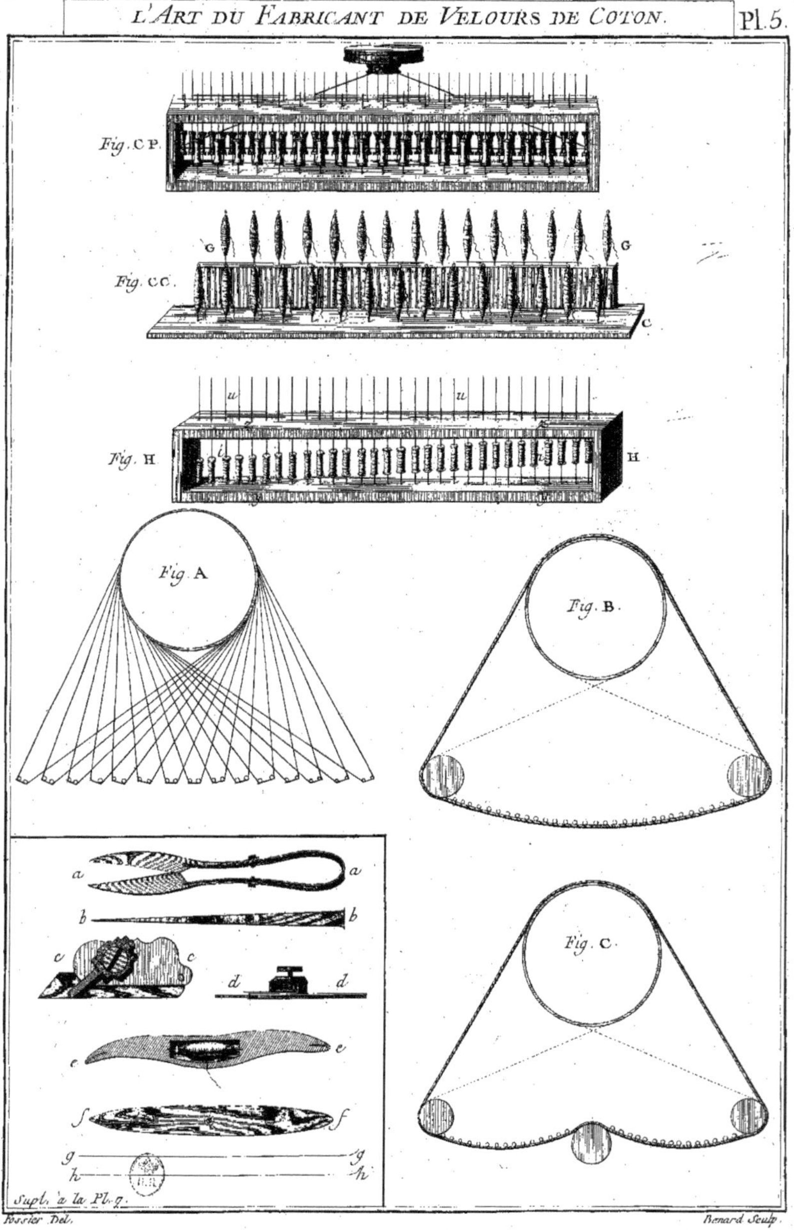

Rossier Del.   Benard Sculp.

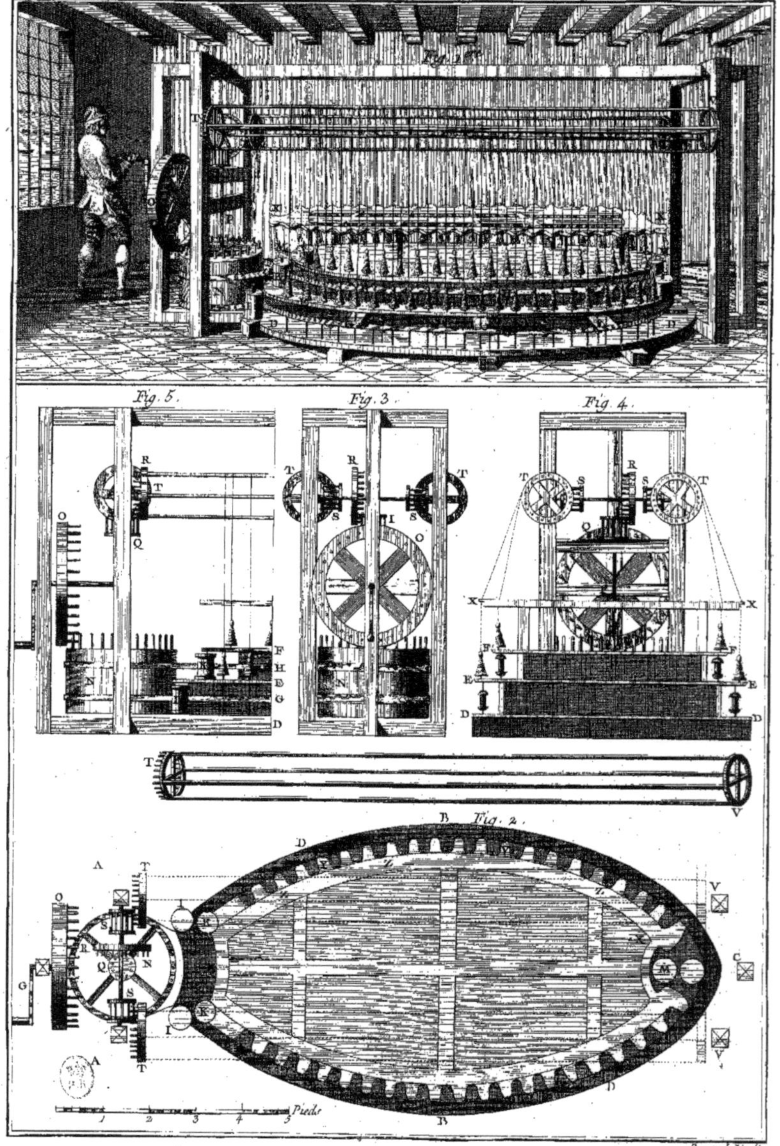

L'ART DU FABRICANT DE VELOURS DE COTON.
Pl. 6.
Fig. 5.
Fig. 3.
Fig. 4.
Fig. 2.
Pieds
Benard Fecit.

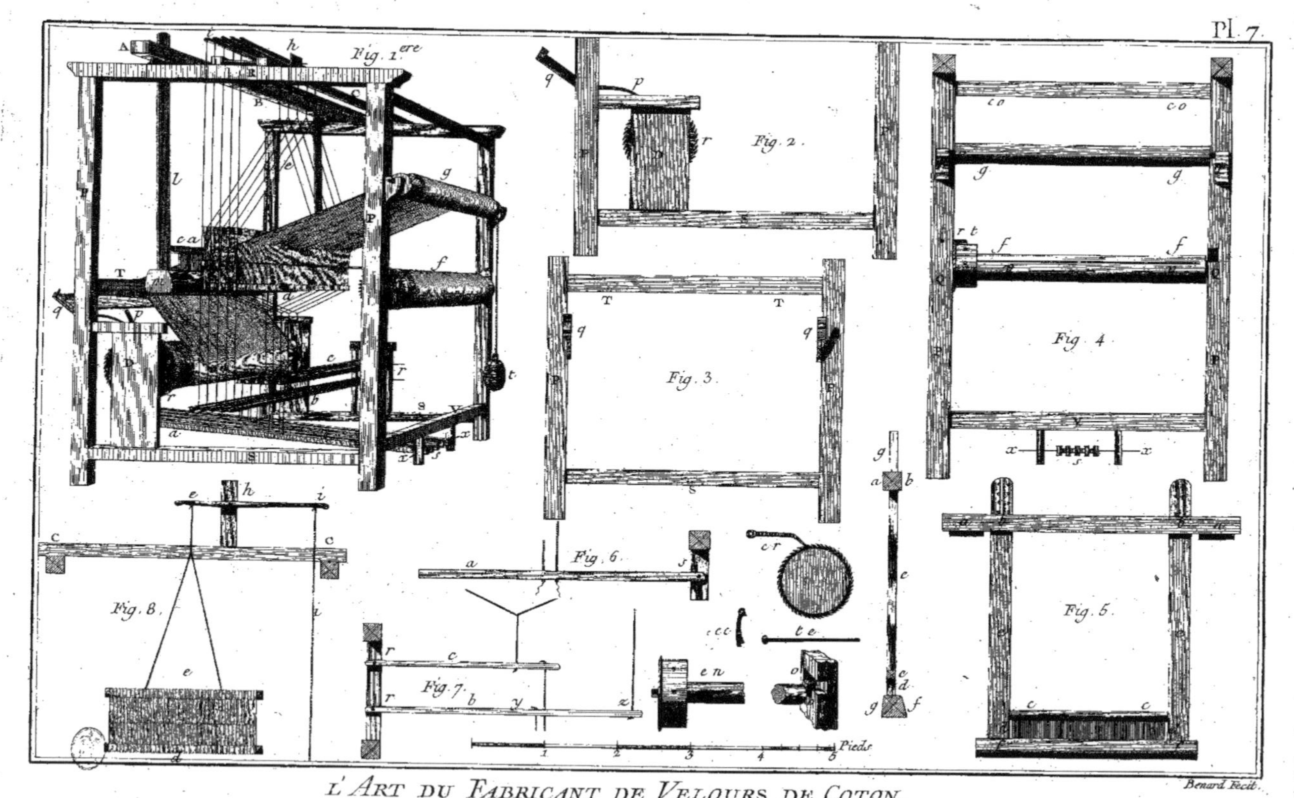

L'ART DU FABRICANT DE VELOURS DE COTON.

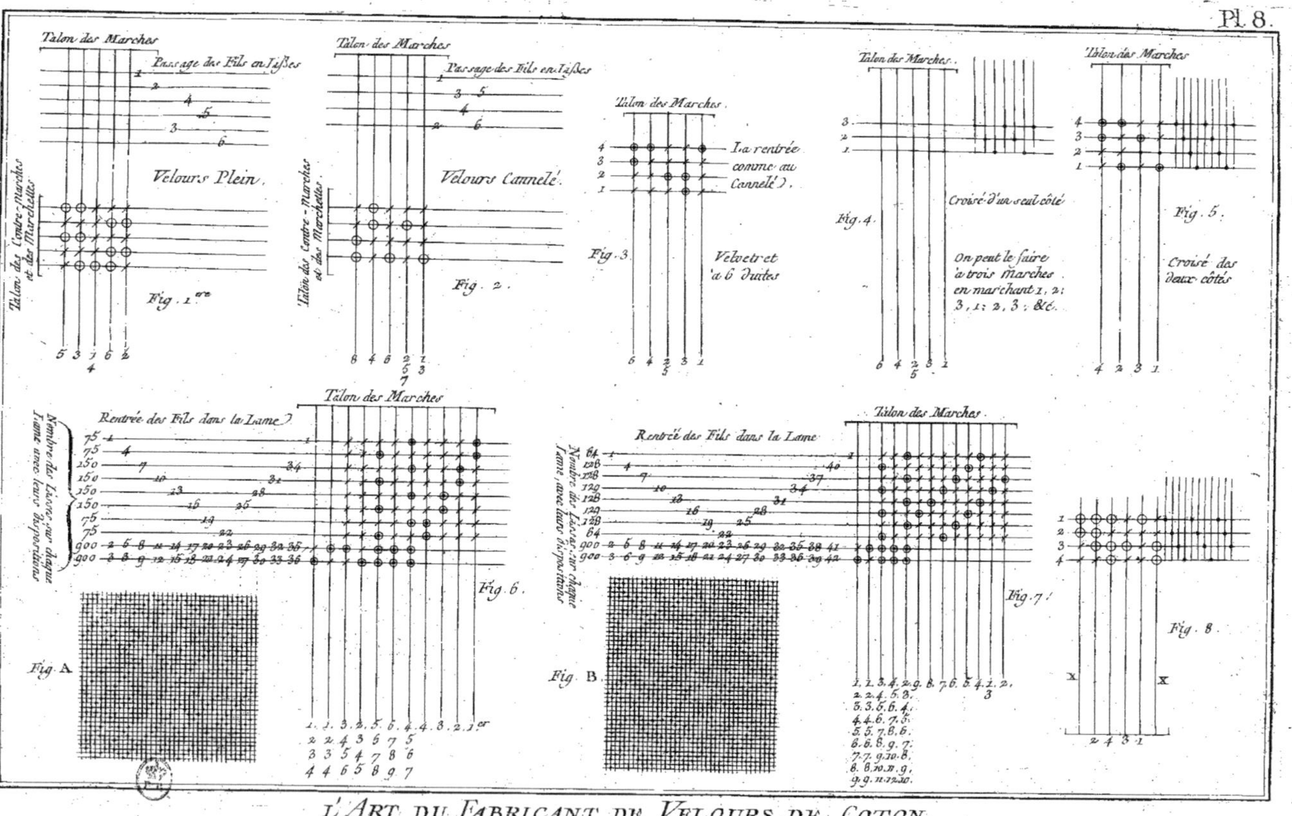
Pl. 8.
Talon des Marches
Passage des Fils en Tisses
Talon des Contre-Marches et des Marchettes
Velours Plein.
Fig. 1.ere
Talon des Marches
Passage des Fils en Tisses
Talon des Contre-Marches et des Marchettes
Velours Cannelé.
Fig. 2.
Talon des Marches.
La rentrée comme au Cannelé.
Velvet et à 6 Duites
Fig. 3.
Talon des Marches.
Croisé d'un seul côté
On peut le faire à trois Marches en marchant 1. 2: 3. 1: 2. 3: &c.
Fig. 4.
Talon des Marches
Croisé des deux côtés
Fig. 5.
Rentrée des Fils dans la Lame.
Nombre des Lisses sur chaque Lame avec leurs dispositions
Talon des Marches
Fig. 6.
Fig. A.
Rentré des Fils dans la Lame
Nombre des Lisses sur chaque Lame, avec leurs dispositions
Talon des Marches.
Fig. 7.
Fig. B.
Fig. 8.
L'ART DU FABRICANT DE VELOURS DE COTON.

Pl. 9.

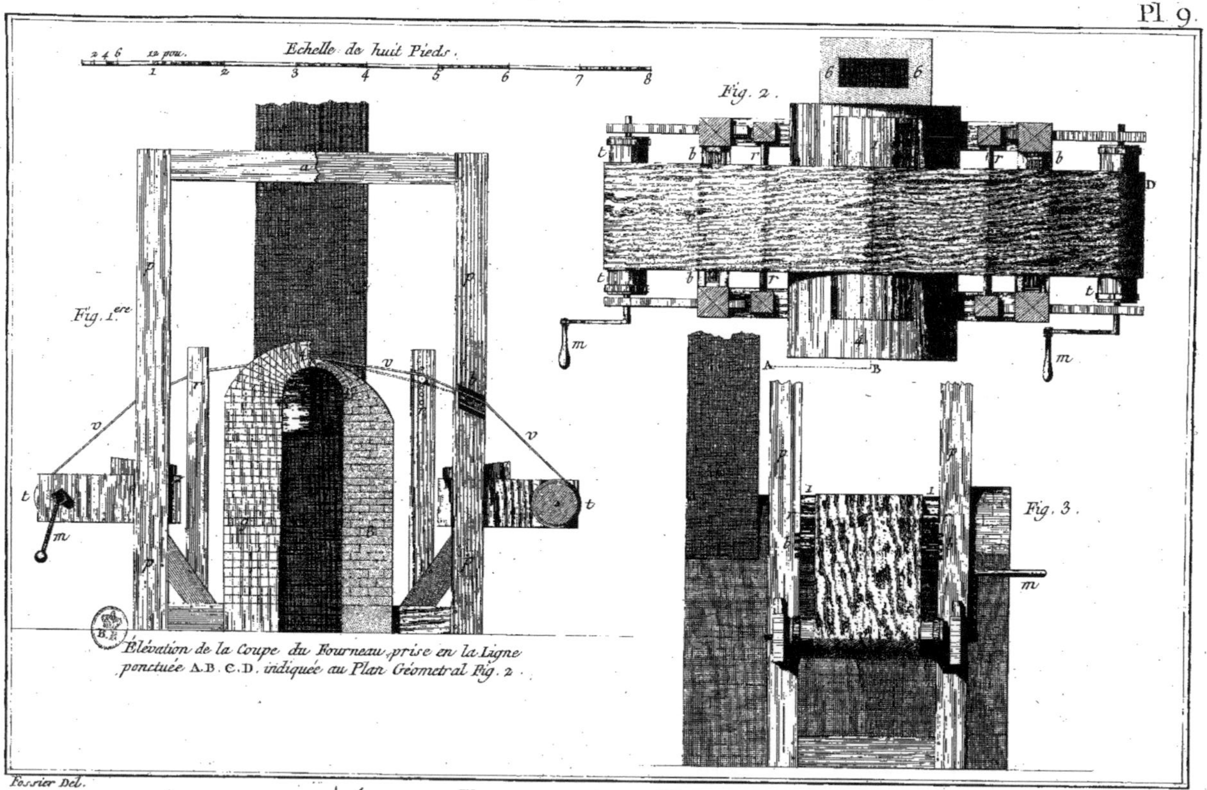

Fossier Del. Benard Sculp.

L'ART DU FABRICANT DE VELOURS DE COTON.

Attelier de Teinture pour les Couleurs ordinaires, les garençages, &c.

Attelier de Teinture pour les Cuves de Bleu.

Rossier Del.

Attelier de Teinture pour les Tones de Noir.

Benard Fecit.

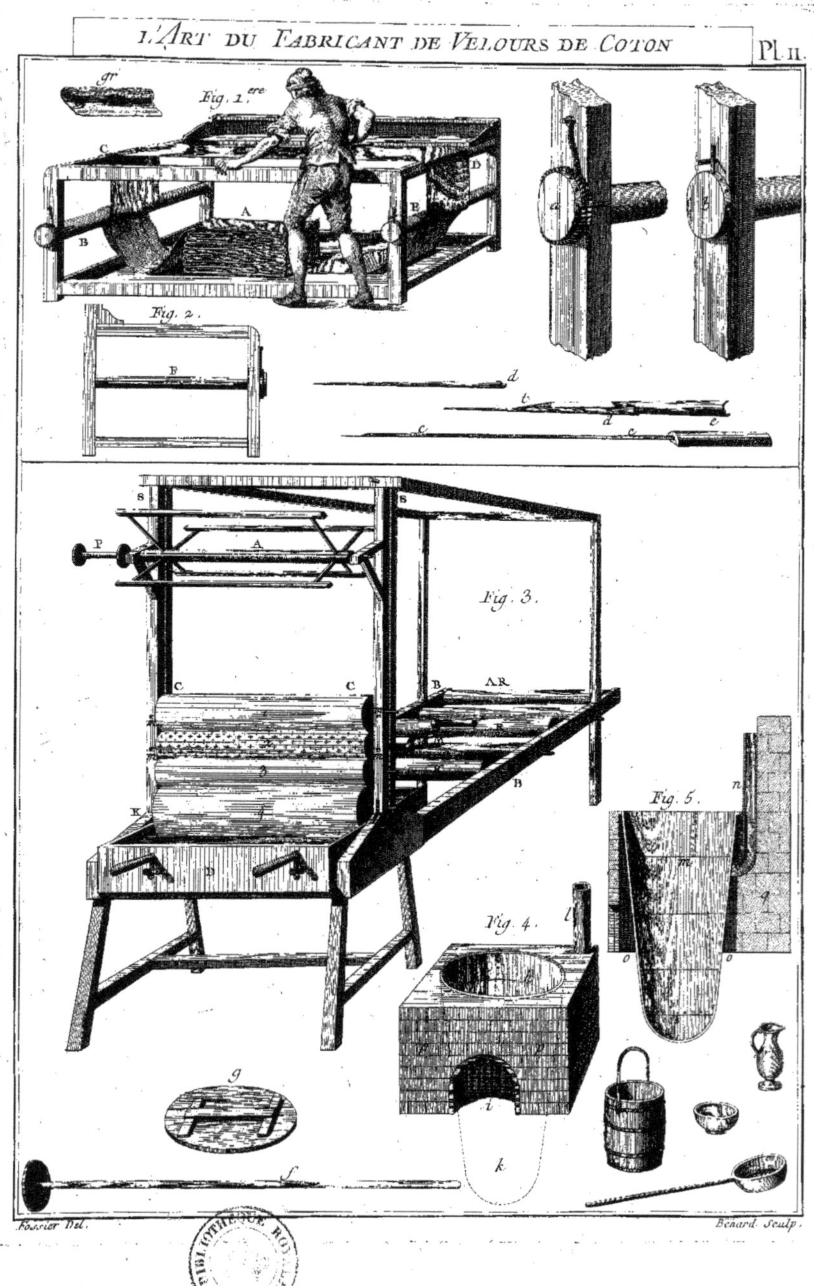

L'ART DU FABRICANT DE VELOURS DE COTON
Pl. II.
Fig. 1.ere
Fig. 2.
Fig. 3.
Fig. 4.
Fig. 5.
Rossier Del.
Benard Sculp.

www.ingramcontent.com/pod-product-compliance
Ingram Content Group UK Ltd.
Pitfield, Milton Keynes, MK11 3LW, UK
UKHW020955140726
13695UKWH00003B/1404